lonely planet

BORDEAUX

EN QUELQUES JOURS

CORALIE MODSCHIEDLER

Sommaire

Préparer son séjour

Le monument aux Girondins (p. 35)

CORALIE MODSCHIEDLER ©

Bienvenue à Bordeaux !

Rien ne semble arrêter Bordeaux ! À présent à deux heures de train de la capitale, la ville, en grande partie classée au patrimoine mondial de l'Unesco, semble attirer toujours plus de visiteurs et de nouveaux habitants. Ses quartiers historiques ont fait peau neuve, ses quais et ses monuments sont superbement éclairés, tandis que des opérations urbaines et d'écoquartier essaiment près de la gare, rive droite et du côté de Bacalan. Alors oui, Bordeaux s'est métamorphosée. Bien plus vivante que sa réputation bourgeoise ne le laisse croire, elle a maintenant un défi à relever : trouver le bon équilibre pour ne pas tomber dans les pièges de la gentrification.

Tramway sur le pont de Pierre (p. 148)

Les incontournables

La cathédrale Saint-André et la tour Pey-Berland

Ce joyau gothique domine la place Pey-Berland de ses deux flèches finement ciselées. Érigé à part, son campanile (XVe siècle) – la tour Pey-Berland – offre une vue panoramique sur Bordeaux. **p. 62 et 64**

SERGEY KELIN /STOCK.ADOBE.COM ©

Le Grand Théâtre

Un monument du XVIIIe siècle indissociable de l'image de la ville. **p. 32**

La place de la Bourse et le Miroir d'eau

Face à l'ancienne place Royale, le Miroir d'eau est la grande réussite des aménagements des quais de la Garonne. **p. 48**

LEONID ANDRONOV/STOCK.ADOBE.COM©

L'esplanade des Quinconces

Avec son superbe monument aux Girondins, l'esplanade des Quinconces est l'une des plus grandes places d'Europe. **p. 34**

La basilique Saint-Seurin

Le témoignage le plus ancien des débuts de la chrétienté à Bordeaux. **p. 136**

La Cité du vin

Dans le quartier des Bassins à flot, cet étonnant édifice qui épouse les contours du fleuve est dédié au vin dans tous ses états. **p. 124**

CAROLINE DELABROY ©

MATTCARDINAL/STOCK.ADOBE.COM ©

FRÉDÉRIC DALLÉAS ©

Le Jardin public

Aménagé au XIXe siècle, il est un lieu de détente idéal. **p. 134**

Le CAPC

Un ancien entrepôt réhabilité en centre d'art contemporain. **p. 112**

Architecture

Le patrimoine architectural de Bordeaux est exceptionnel. Les édifices et monuments élevés au fil des siècles essaiment dans toute la ville. Quelquefois discrets, presque invisibles, telles les portions de rempart gallo-romain enfouies dans les caves d'immeubles privés, ils sont la plupart du temps grandioses et valorisés grâce à une ambitieuse campagne de restauration entreprise dans tout le centre-ville.

Époque gallo-romaine

Les vestiges les plus marquants de l'époque gallo-romaine sont les ruines du **palais Gallien** (p. 138), dans le quartier du Jardin public.

Moyen Âge

Du Moyen Âge il reste de nombreux édifices, telles la **cathédrale Saint-André** (p. 62 ; gothique), la **basilique Saint-Michel** (p. 93 ; gothique flamboyant) et la **basilique Saint-Seurin** (p. 136 ; styles roman et gothique). Découvrez aussi l'**église Saint-Pierre** (p. 49), ainsi que la **Grosse Cloche** (p. 82), porte principale des remparts du XIIIe siècle et ancien beffroi de l'hôtel de ville.

Renaissance

La plupart des maisons datant de la Renaissance sont concentrées dans le **quartier de la Grosse Cloche** (p. 79), l'ancien faubourg Saint-Éloi, ainsi que du côté de la rue de la Rousselle (là où vécut Montaigne, aux nos 23-25) et de la rue de la Fusterie.

XVIIIe siècle

Au XVIIIe siècle, à l'initiative de l'intendant Boucher et de son successeur, l'intendant Tourny, Bordeaux, enfermée à l'intérieur de ses remparts depuis les invasions germaniques du IIIe siècle, s'ouvre au fleuve avec la création de la place Royale, l'actuelle **place de la Bourse** (p. 48). Magnifique illustration du style rococo (Louis XV), le pavillon central et les deux édifices qui l'encadrent dessinent une

© ADOBE STOCK/EMILY_M_WILSON-STOCK.ADOBE.COM

place parfaitement symétrique, fleuron de ce que l'on a pris l'habitude de nommer la "façade des quais". La majorité des immeubles du quartier des Quinconces et du Triangle d'Or datent de cette époque. Certains édifices ont toutefois été bâtis dans un style néoclassique plus tardif qui annonce l'architecture napoléonienne.
Le plus monumental est le **Grand Théâtre** (p. 32), érigé entre 1773 et 1780 à l'emplacement d'un temple gallo-romain dont les vestiges – les piliers de Tutelle – n'avaient été détruits qu'un siècle plus tôt, sous Louis XIV.

XIXe siècle

Du XIXe siècle, la ville a conservé le **pont de Pierre** (p. 148), la gare Saint-Jean et l'entrepôt Lainé, occupé par le **CAPC** (p. 112).

XXe-XXIe siècles

Le XXe siècle et ce début de XXIe siècle n'ont pas été avares en réalisations monumentales, avec le pont d'Aquitaine, lointain cousin du Golden Gate Bridge de San Francisco, les tours futuristes de Mériadeck et le **tribunal de grande instance** (p. 76).
En 2013, l'achèvement du **pont levant Chaban-Delmas** (p. 128) a inauguré une série de projets architecturaux tels que le nouveau stade dans le quartier du Lac (2015) ou l'audacieuse **Cité du vin** (p. 124) aux Bassins à flot. La salle de spectacles **Arkéa Arena** (p. 152), la **Méca** (p. 96) et bientôt le **pont Simone-Veil** écrivent une nouvelle page architecturale à Bordeaux.

Vin et vignoble

Le vignoble bordelais compte une soixantaine d'appellations d'origine contrôlée (AOC). À commencer par Saint-Émilion, Pomerol, Médoc, Saint-Estèphe et Pessac-Léognan, qui figurent parmi les plus réputées. Toutes correspondent à une aire géographique précise, et leur production répond à des critères bien définis.

Le classement des vins

Il n'y a pas *un* classement des vins de Bordeaux, mais plusieurs ! Le plus ancien fut établi en 1855 à la demande de Napoléon III à l'occasion de l'exposition universelle. Il concernait les crus du Médoc et les vins blancs liquoreux des graves. Trois propriétés furent particulièrement honorées : Château-Lafite-Rothschild et Château-Latour à Pauillac, et Château-Margaux à Margaux. Un seul château a depuis rejoint ces prestigieuses propriétés : Château-Mouton-Rothschild. Le Médoc pousse encore plus loin la classification avec deux autres catégories de crus : les crus bourgeois d'une part qui, depuis 1932, concernent des domaines acquis et plantés par les bourgeois bordelais au XVIIe siècle, et les crus artisans d'autre part, issus de petites propriétés s'étendant sur 1 à 5 ha. Les graves furent classés en 1953 (un classement révisé en 1959). Seize propriétés furent récompensées. Seul Château-Haut-Brion, déjà distingué dans le classement des crus du Médoc en 1855, reçut alors le titre de premier cru classé dans les graves.

Le classement des vins de Saint-Émilion intervint un an après. Révisé tous les dix ans, il diffère ainsi des autres appellations. Dix-huit châteaux bénéficient de l'appellation Premier Grand Cru classé. Château-Ausone,

MIKEDOTTA/SHUTTERSTOCK ©

Château-Cheval-Blanc, Château-Angelus et Château-Pavie sont honorés par une mention A.

Bars à vin

Le Bar à Vin (p. 41)
Le 17.45 (p. 85)
Le Flacon (p. 99)
The Wine Bar (p. 141)
Latitude 20 (p. 125)
Julo (p. 99)
La Conserverie-Converserie (p. 120)
Côté Zinc (p. 151)

Cavistes

L'Intendant (p. 42)
Quvée (p. 153)
Cave Briau (p. 142)

À savoir

- **L'École du vin de Bordeaux** (☎05 56 00 22 85 ; www.ecoleduvindebordeaux.com ; 3 cours du 30-Juillet) organise toute l'année des ateliers de dégustation pour les débutants (32 € l'atelier de 2 heures) et d'exploration (49 €) pour un public plus confirmé.

- **La Cité du vin** (www.laciteduvin.com ; p. 124) propose chaque jour des ateliers découverte autour du vin. Au rez-de-chaussée se trouve aussi l'espace d'information "Routes du vin de Bordeaux" (www.bordeauxwinetrip.fr).

- Aux portes du Médoc, la **Winery** (☎05 56 69 08 51 ; winery.fr ; rond-point des Vendangeurs, Arsac-en-Médoc) offre des initiations à la dégustation.

- En juin, **Bordeaux fête le vin** (www.bordeaux-fete-le-vin.com) lors d'un grand festival sur les quais de Garonne.

Gastronomie

Capitale mondiale du vin, Bordeaux ravit également les amateurs de bonne chère. Sans surprise, les produits de la région comme le magret de canard, le foie gras, l'agneau de Pauillac et les huîtres du bassin d'Arcachon figurent en bonne place sur les cartes, aux côtés des spécialités bordelaises.

Le calendrier du fleuve

Entre avril et juin, c'est d'abord l'alose, excellent poisson migrateur pêché dans l'estuaire, qui garnit les cartes. Puis vient le tour de l'antique lamproie, poisson sans mâchoires ni écailles, doté d'une grosse et curieuse bouche-ventouse. Concoctés au gril sur des sarments de vigne, ou mijotés de longues heures et accompagnés d'une sauce au vin et de poireaux, ces mets nécessitent une préparation soignée.

L'entrecôte bordelaise

Quitter Bordeaux sans avoir savouré une entrecôte bordelaise, cuite sur les sarments de vigne, arrosée de vin et couverte d'échalotes, serait impardonnable.

Les cannelés

Caramélisé et parfumé à la vanille et au rhum, le cannelé (ou Canelé avec un seul n, nom déposé) doit son nom au moule en bronze cannelé dans lequel il cuit. Sa recette fut mise au point sous l'Ancien Régime par les religieuses annonciades du couvent de la Miséricorde. Disparu après la Révolution, le cannelé réapparut dans les années 1830.

Le Lillet

Créé par la société Lillet Frères (www.lillet.com) en 1887, cet apéritif composé de vin et d'infusions de fruits se déguste avec quelques gouttes de citron.

Terroir

Gaùta (p. 97)

Le Bouchon Bordelais (p. 53)

CORALIE MODSCHIEDLER ©

La Tupina (encadré p. 99)

Chez Dupont (p. 119)

Le Cochon Volant (p. 107)

Bonnes tables

Bo-tannique (p. 70)

L'Originel (p. 50)

Le Davoli (p. 54)

Racines (p. 71)

Mets Mots (p. 140)

Zéphirine (p. 141)

Tentazioni (p. 140)

Grandes tables

Le Chapon Fin (p. 39)

Soléna (p. 141)

La table d'hôtes du Quatrième Mur (p. 40)

Le Pressoir d'Argent (p. 40)

Huîtres

Chez Jean-Mi (p. 105)

Les Chantiers de la Garonne (p. 152)

Les Halles de Bacalan (p. 128)

Gourmandises

Saunion (p. 42). Chocolats.

Cadiot-Badie (p. 41). Chocolats.

Hasnaâ Chocolats (p. 74).

Baillardran (p. 74). Cannelés.

La Toque cuivrée (p. 74). Cannelés.

Dunes blanches (p. 74). Choux à la chantilly.

Roze (p. 84). Pâtisseries.

Mise en boîte

Le pâté de foie pur porc de **Lou Gascoun** (www.lou-gascoun.fr), qui est fabriqué dans la banlieue de Bordeaux, séduit depuis longtemps avec sa célèbre boîte jaune.

La **Crème Jock** (www.jock.fr ; 190 quai de Brazza) régale les Bordelais depuis 1938. Préparation en poudre à base de céréales, ce dessert est toujours fabriqué à Bordeaux, sur les quais de la rive droite.

Le **Cacolac** (www.cacolac.fr) est né d'une idée simple : ajouter du cacao et du sucre dans le lait. D'abord vendue en camionnette itinérante, la boisson aujourd'hui déclinée sous de multiples formes a vite dépassé les frontières de Bordeaux.

Bars et vie nocturne

CORALIE MODSCHIEDLER ©

On ne le dit pas assez : Bordeaux est une ville qui vit la nuit ! De la Victoire à Bacalan, en passant par Saint-Pierre et Saint-Michel, d'innombrables bars à concerts, caves, pubs et boîtes de nuit attirent les noctambules.

Bars

Mama Shelter (p. 73). Le bar tendance (avec *rooftop*) d'un complexe hôtelier signé Philippe Starck.

Le Poisson Rouge (p. 100). Pour un verre de vin, un bon petit plat ou pour se déhancher au son d'un DJ set.

La Vie Moderne (p. 87). Le lieu tout à la fois kitsch et branché du quartier de la Grosse Cloche.

Le Fiacre (p. 73). Bar rock et concerts en sous-sol dans un bâtiment classé monument historique.

La Comtesse (p. 56). Cosy et chaleureux, sous des lumières tamisées.

La Calle Ocho (p. 56). De belles soirées aux sons latinos.

Café Brun (p. 55). Apéros-concerts et belle carte de whiskies.

Bars à cocktails

Madame Pang (p. 52)

Symbiose (p. 120)

Man Mo (p. 117)

La Gigi (p. 97)

Ambrosia (p. 55)

Clubs

Le Monseigneur (✆05 56 44 89 60 ; lemonseigneur.com ; 42 allées d'Orléans). Le plus ancien club de Bordeaux fait toujours les belles heures de la nuit.

I.Boat (p. 129). Une programmation éclectique, pour ce club amarré dans les Bassins à flot et sa petite sœur tout nouvellement arrivée sur les quais (Blonde Venus).

La Dame (p. 130). Autre club réputé des Bassins à flot.

Ultra Klubs (✆06 98 81 58 52 ; 22 place André-Meunier). Un club gay convivial.

Black Diamond (✆05 56 30 39 09 ; 5 cours de l'Intendance). Le club privé et chic de l'Intercontinental Grand Hôtel.

La Plage (✆05 56 84 89 23 ; 40 quai de Paludate). Boîte prisée des étudiants.

Le Théatro (✆06 73 49 37 18 ; www.theatro-bordeaux.com ; 24 rue de la Faïencerie). Plusieurs salles, dont une pour les plus de 30 ans, et un succès qui ne se dément pas.

Arts de la scène

Il est loin le temps où le festival Sigma, rendez-vous européen des avant-gardes de 1965 aux années 1990, défrayait régulièrement la chronique. Aujourd'hui, la scène bordelaise a renoué avec une programmation plus sage mais néanmoins éclectique.

L'ITALIENNE À ALGER, FRÉDÉRIC DESMESURE ©

Classique

Le Grand Théâtre (p. 32)

L'Auditorium (p. 41)

Danse et théâtre

TnBA (p. 100)

Théâtre des Salinières (p. 87)

La Manufacture (p. 109)

Théâtre Fémina (p. 73)

Concerts

Arkéa Arena (p. 152). Programmation des têtes d'affiche.

Rock School Barbey (p. 108)

I.Boat (p. 129)

Le Void (p. 108)

Café Pompier (p. 100)

Salle des fêtes du Grand Parc (☎05 33 89 46 03 ; 39 cours de Luze)

Krakatoa (☎05 56 24 34 29 ; krakatoa.org ; 3 avenue Victor-Hugo, Mérignac). Dans une ancienne salle des fêtes, l'association Transrock œuvre au développement et à la promotion des musiques amplifiées avec à la clef 1200 places et une programmation à suivre de près.

Le Rocher de Palmer (encadré p. 153)

Sortie 13 (☎05 56 36 48 43 ; www.sortie-13.com ; rue Walter-Scott, Pessac). À la sortie 13 de la rocade, une belle programmation musicale et des expositions.

Agenda culturel

Chaque mois, consultez l'agenda culturel publié dans les magazines gratuits **Clubs et Concerts** (clubsetconcerts.com) et **Junkpage** (www.junkpage.fr), disponibles un peu partout. Sur Internet, rendez-vous sur **Happen** (www.happen.fr), **Bordeaux Concerts** (www.bdxc.fr) et **Un air de Bordeaux** (www.unairdebordeaux.fr).

Shopping et marchés

CORALIE MODSCHIEDLER ©

Que vous soyez accro au shopping ou chineur invétéré, que vous aimiez fouiller les friperies ou flâner sur les marchés, vous serez comblé à Bordeaux. Ces quelques adresses vous permettront de concocter un parcours qui vous ressemble, à l'écart des centres commerciaux.

Boutiques de luxe

Elles se concentrent dans le Triangle d'Or et le quartier Pey-Berland, en particulier la rue des Remparts et la rue Bouffard.

Grandes enseignes

On les trouve surtout dans la rue Sainte-Catherine et dans la rue de la Porte-Dijeaux, qui lui est perpendiculaire.

Tendance, rock et street-wear

Les amateurs trouveront leur bonheur dans le quartier Saint-Pierre, notamment dans les boutiques de la rue du Pas-Saint-Georges, et dans celui de la Grosse Cloche avec la rue Saint-James.

Marchés

Marché Saint-Michel (p. 93 ; 7h-13h). On trouve de tout sur le grand marché du samedi, de l'alimentation aux vêtements ; le dimanche, chineurs et badauds sont au rendez-vous quand les brocanteurs prennent possession du quartier ; le lundi, les stands de vêtements ont l'exclusivité des lieux.

Marché des Capucins (p. 109 ; mar-ven 6h-14h, sam-dim 5h30-14h30). Apprécié des amateurs de produits frais.

Le **marché des Quais** (encadré p. 119 ; dim 7h-13h alimentation, 7h-15h restauration, jeu 7h-13h marché bio) attire du monde chaque dimanche.

Friperies

Freep'Show Vintage (p. 76)

Steack Fripes (p. 109)

Docks Caviar (p. 88)

Jolie Môme (p. 59)

L'Olympe (p. 101)

La Martinerie (p. 101)

Brocantes

Village Notre-Dame (p. 121). Pour les antiquités, direction les Chartrons et cette ancienne imprimerie.

CORALIE MODSCHIEDLER ©

Au Dénicheur (p. 57). Un véritable capharnaüm, avec des objets de toutes sortes.

L'Entrepôt Saint-Germain (p. 109). Près de la gare Saint-Jean, une adresse à surveiller de près.

Les brocanteurs de Saint-Michel (p. 93). Le dimanche matin, les brocanteurs prennent possession du quartier pour le plus grand plaisir des chineurs et des badauds.

Le Grand Déballage a lieu tous les deuxièmes dimanches des mois de mars, juin, septembre et décembre, de 6h à 18h, dans le quartier Saint-Michel.

Brocante de printemps et d'automne (p. 22-23). Deux rendez-vous annuels sur la place des Quinconces.

Bio et commerce équitable

Artisans du monde (252 Plan F6 ; 05 56 44 23 33 ; www.admbordeaux.org ; 30 rue du Parlement-Saint-Pierre ; mar-sam 11h-19h). Artisanat, objets de déco, épicerie, cosmétiques... le tout issu du commerce équitable.

WAN (We Are Nothing) (253 Plan E6 ; 05 56 48 15 41 ; www.wanweb.fr ; 1 rue des Lauriers ; lun-sam 10h-19h). Du 100% made in France, et une sélection de 1500 produits.

L'épicerie du Magasin Général (p. 150). Une épicerie bio, avec des produits souvent locaux, dans l'un des lieux les plus atypiques de la ville. La présence d'un espace vrac est ici une évidence.

La Recharge (p. 88). La première épicerie vrac de Bordeaux. Son crédo : pas d'emballage jetable !

Le Grand Marché Bio (254 Plan E8 ; 05 56 44 57 50 ; www.laviesaine.fr ; 8-10 rue Ravez ; lun-sam 9h30-19h30). Supermarché bio.

Les Ptits Cageots (05 56 52 30 48 ; www.lesptitscageots.fr). Livraison de paniers de fruits et de légumes de producteurs locaux.

Halles gourmandes

Halles de Bacalan (p. 128)

Halle Boca (p. 98)

Avec des enfants

À Bordeaux, les lieux et activités adaptés aux plus petits ne manquent pas. En route pour une découverte de la ville plus ludique, qui charmera également les parents. Concilier culture et détente, c'est aussi ça les vacances !

FRÉDÉRIC DALLÉAS ©

À pied ou à vélo

Le centre-ville, en grande partie piétonnier, est très agréable à visiter en famille. Une longue promenade, doublée d'une piste cyclable, longe les quais de la porte de la Monnaie à Bacalan ; il en existe une autre tout aussi sympathique sur la rive droite.

En bateau

Pour pimenter votre visite, optez pour la découverte des quais en bateau (p. 59), ou pour une traversée de la Garonne en **Bat³** (p. 131). Et à partir de 7 ans, balades sur l'eau avec **Bordeaux Canoë** (p. 154).

En skate

Les plus téméraires adorent glisser le long de la Garonne sur une piste plane ou faire un tour soit au **skatepark** (p. 121) du quai des Chartrons soit à celui du **Hangar Darwin** (p. 154).

Aires de jeux

Face à la place de la Bourse, le **Miroir d'eau** (p. 48) constitue un excellent terrain de jeu. Plus loin, entre le quai des Salinières et le quai Sainte-Croix, le **parc des Sports** (p. 101) offre pas moins de 5,5 ha d'aires de jeux et de détente. Plus modeste, le **square Vinet** (encadré p. 49) abrite aussi des jeux.

Ascension

Tour Pey-Berland (p. 64). À découvrir quand le temps est dégagé.

Belvédère de la Cité du vin (p. 125). Une vue sur les bords de Garonne à 35 m de hauteur.

Sciences et nature

Muséum de Bordeaux (p. 138). Un musée entièrement rénové.

CORALIE MODSCHIEDLER ©

Cap Sciences (p. 127). Des expositions interactives destinées aux enfants permettent de comprendre divers phénomènes scientifiques.

Jardin botanique (p. 135). Pour profiter d'un parcours botanique ludique et instructif.

Jardin public (p. 134). Pour les plus petits, la destination la plus indiquée, avec de grands espaces, des aires de jeux, des spectacles de Guignol, un manège à l'ancienne et un bateau-promenade.

Parc bordelais (hors plan B1 ; entrées avenue du Général-de-Gaulle, rue du Bocage, avenue d'Eysines, avenue Carnot, rue du Parc, rue Camille-Godard). Un peu excentré, mais idéal pour les enfants : 28 ha, des animaux de la ferme, des balançoires, des spectacles de Guignol, un petit train…

Et aussi…

Cirque Plusieurs fois par an, les chapiteaux de grands cirques renommés (Pinder, Gruss) sont dressés sur l'esplanade des Quinconces.

Fête foraine (p. 35). La Foire aux plaisirs se déroule en automne et au printemps sur l'esplanade des Quinconces.

Ateliers De nombreux musées proposent des ateliers pendant les vacances scolaires ; la Cité du vin (p. 124) programme alors un atelier famille.

Le Petit Train Un classique, qui part des allées Tourny (billets en vente à l'office du tourisme et à bord du train ; adulte/4-12 ans 10/5€ ; gratuit -4 ans).

Session de surf Pour s'initier dès 8 ans (et en ville) au plaisir de la glisse, direction le Wave Surf Café (p. 131).

Adresses kids friendly Consultez **ZU le guide** (www.zu-leguide.com) et le blog **Enfant Bordeaux** (www.enfant-bordeaux.fr).

Non loin…

Dune du Pilat (ladunedupilat.com). Pour escalader une montagne de sable.

Lacanau-Océan (www.medoc-atlantique.com). Pour une glace en bord de mer et, côté lac, une session paddle ou canoë.

Agenda

Les mois de mai et juin sont les plus animés du calendrier bordelais, avec de grands rendez-vous festifs mettant à l'honneur la gastronomie, la musique, le vin ou le fleuve, l'histoire et la culture. L'été, d'excellents festivals sont organisés aux alentours de la ville. En automne, le FAB s'est imposé comme un temps fort de la vie culturelle bordelaise.

Mars-avril

Bordeaux Rock

www.bordeauxrock.com

L'association Bordeaux Rock célèbre la scène rock et électro locale, sur quelques jours.

Carnaval des Deux Rives

www.carnavaldesdeuxrives.fr
Un événement festif et populaire, avec un défilé en musique mené par des chars multicolores sur les deux rives.

Semi-marathon nocturne de Bordeaux

Un parcours nocturne qui passe par Bacalan et la Bastide.

Escale du livre

www.escaledulivre.com
Créations littéraires, débats, rencontres et lectures dans le quartier Sainte-Croix.

Brocante des Quinconces

www.bordeauxquinconces.com
Fin avril-début mai se tient sur l'esplanade des Quinconces, une gigantesque brocante de printemps.

Mai-juin

Fête de la Morue

fetedelamorue.mairie-begles.fr
Spectacles et spécialités à base de morue à Bègles, une commune limitrophe, traditionnellement fin mai-début juin.

Chahuts – Festival des arts de la parole

www.chahuts.net
Spectacles, impros, échanges et convivialité dans le quartier Saint-Michel en juin.

Bordeaux fête le vin

www.bordeaux-fete-le-vin.com
Les années paires, le long des quais, stands de dégustation et spectacles en soirée.

Les épicuriales

www.epicuriales.com
La 2e quinzaine de juin, les restaurateurs s'installent allées de Tourny pour faire découvrir les saveurs du monde. L'édition 2022 est suspendue à un accord entre le maire et les organisateurs.

Juillet-août

Ahoy

www.facebook.com/ahoybordeaux
Festival électro lancé par l'I.Boat (p. 129).

Quai des Sports et Dansons sur les quais

www.dansonssurlesquais.fr
Activités sportives gratuites sur les quais, au parc des Sports, dans le quartier Saint-Michel. Et le soir, on danse !

Festival des Hauts-de-Garonne

www.lerocherdepalmer.fr
En juillet. Une excellente programmation de musique du monde et de jazz dans

quatre communes de la rive droite : Bassens, Lormont, Floirac et Cenon.

Fest'arts

www.festarts.com

En août, ce festival des arts de la rue envahit Libourne, à 40 km à l'est de Bordeaux, avec plus d'une centaine de représentations gratuites.

Septembre-octobre-novembre

Fête du vin nouveau et de la brocante

La rue Notre-Dame, aux Chartrons, est envahie par les amateurs de vin et les chineurs pendant 2 jours.

Bordeaux fête le fleuve

www.bordeaux-fete-le-fleuve.com

Le port de la Lune célèbre le fleuve (concerts, course à la nage dans la Garonne, feux d'artifice...).

Festival international des arts de Bordeaux Métropole (FAB)

fab.festivalbordeaux.com

Pendant 15 jours, ce festival des arts de la scène met à l'honneur des créations contemporaines en divers lieux de Bordeaux Métropole.

Bordeaux Open Air

www.bordeauxopenair.fr

Festival de musiques électroniques, les dimanches de septembre (concerts gratuits en plein air).

Climax Festival

climaxfestival.fr

Début septembre à Darwin (p. 148), concerts, débats et conférences sur la protection de l'environnement et des écosystèmes.

Brocante de printemps

Itinéraires des Photographes voyageurs

www.itiphoto.com

Rendez-vous dans divers lieux de la ville pour des expos liées au voyage.

Brocante des Quinconces

www.bordeauxquinconces.com

Second volet de la grande foire à la brocante, place des Quinconces, fin novembre-début décembre.

Décembre-janvier

Marché de Noël

C'est avec plaisir que l'on vient déguster du vin chaud, allées de Tourny.

Trente Trente – Les Rencontres de la forme courte

www.trentetrente.com

Théâtre, cirque, danse, musique, performances... Des spectacles originaux, allant de 30 secondes à 30 minutes à Bordeaux et dans la région.

Bordeaux en 4 jours

Jour 1

JUSTIN FOULKE/LP ©

Commencez votre escapade bordelaise par une balade sur les quais de la Garonne : la beauté de la ville, d'emblée, vous saisira. Découvrez le **Miroir d'eau** (p. 48) qui fait face à la superbe **place de la Bourse** (p. 48), puis déambulez dans le quartier Saint-Pierre : là, les rues du vieux Bordeaux, les jolies boutiques, les cafés et restaurants invitent à prendre le temps.

Terminez cette prise de contact en allant admirer la façade du **Grand Théâtre** (p. 41) et le monument aux Girondins sur la vaste **esplanade des Quinconces** (p. 34). Savourez l'un des nombreux crus du **Bar à Vin** (p. 41), puis mettez-vous dans la file de l'**Entrecôte** (p. 38), rituel immuable de nombreux Bordelais.

Jour 2

CORALIE MODSCIEDLER ©

Tramway ou navette fluviale, les deux options sont possibles pour rejoindre la **Cité du vin** (p. 124), qui s'est vite imposée comme un incontournable de Bordeaux. Admirez l'architecture des lieux et profitez de la dégustation (avec vue panoramique) à l'issue de la visite. Pour le déjeuner, les **Halles de Bacalan** (p. 128) offrent une palette de choix.

Prenez un vélo ou comptez une petite demi-heure de marche pour rejoindre la **Base sous-marine** (p. 126), où se sont installés les **Bassins de Lumières** (p. 126). Terminez cette journée par la découverte des **Chartrons** (p. 111), l'ancien quartier des négociants. Plusieurs tables méritent le détour : **Pastel** (p. 119), **Symbiose** (p. 120) ou encore **Casa Gaïa** (p. 118).

Jour 3

CORALIE MODSCIEDLER ©

Vous voyagez avec vos enfants ? Inscrivez au programme de cette troisième journée une balade au Jardin public et une visite au **Muséum de Bordeaux** (p. 138). Amateurs d'art contemporain ? Filez au **Frac** (p. 96), nouvellement installé au sein de la Méca, ou au **CAPC** (p. 112), et ne négligez pas l'**Institut culturel Bernard-Magrez** (p. 139). Les férus d'histoire admireront la **cathédrale Saint-André** (p. 62) et se rendront au **musée d'Aquitaine** (p. 68).

En fin de journée, allez admirer la **porte Cailhau** (p. 49) en prenant un verre sur la place du Palais. Et optez pour une bonne table bordelaise, **Racines** (p. 71), **Le Davoli** (p. 54) ou **L'Originel** (p. 50) par exemple. Pour faire la fête, direction les boîtes de **Bacalan** (p. 129).

Jour 4

CORALIE MODSCIEDLER ©

Si cette quatrième journée tombe un samedi, filez à **Saint-Michel** (p. 91) et profitez de la belle ambiance du marché. Pour les autres jours, allez manger des huîtres au **marché des Capucins** (p. 109).

Traversez le **pont de Pierre** (p. 148) pour vous rendre rive droite, dans ce quartier de la Bastide qui change de jour en jour. Découvrez **Darwin** (p. 148) et, aux beaux jours, profitez des bords du fleuve aux **Chantiers de la Garonne** (p. 152) ou à la guinguette **Chez Alriq** (p. 152). Pour un shopping gourmand, direction la rue de la porte Dijeaux pour des **Dunes blanches** (p. 74), des **chocolats de chez Hasnaâ** (p. 74), sans oublier les cannelés de **Baillardran** (p. 74) ou de la **Toque cuivrée** (p. 74).

Les quartiers de Bordeaux

Les Chartrons (p. 111)
Un ancien quartier de négociants métamorphosé en village.

Les Quinconces et le Triangle d'Or (p. 31)
Un secteur à parcourir à pied, au cœur d'un riche patrimoine architectural du XVIIIe siècle.

Du Jardin public à Saint-Seurin (p. 133)
C'est le quartier chic de la ville. Les Bordelais rejoignent le Jardin public pour un grand bol.

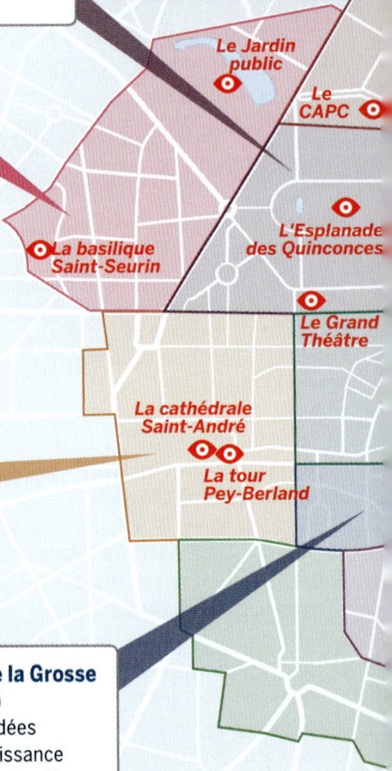

Pey-Berland et la place Gambetta (p. 61)
Entre monuments, musées et shopping, impossible de s'y ennuyer.

Le quartier de la Grosse Cloche (p. 79)
Des ruelles bordées d'édifices Renaissance et une ambiance de village.

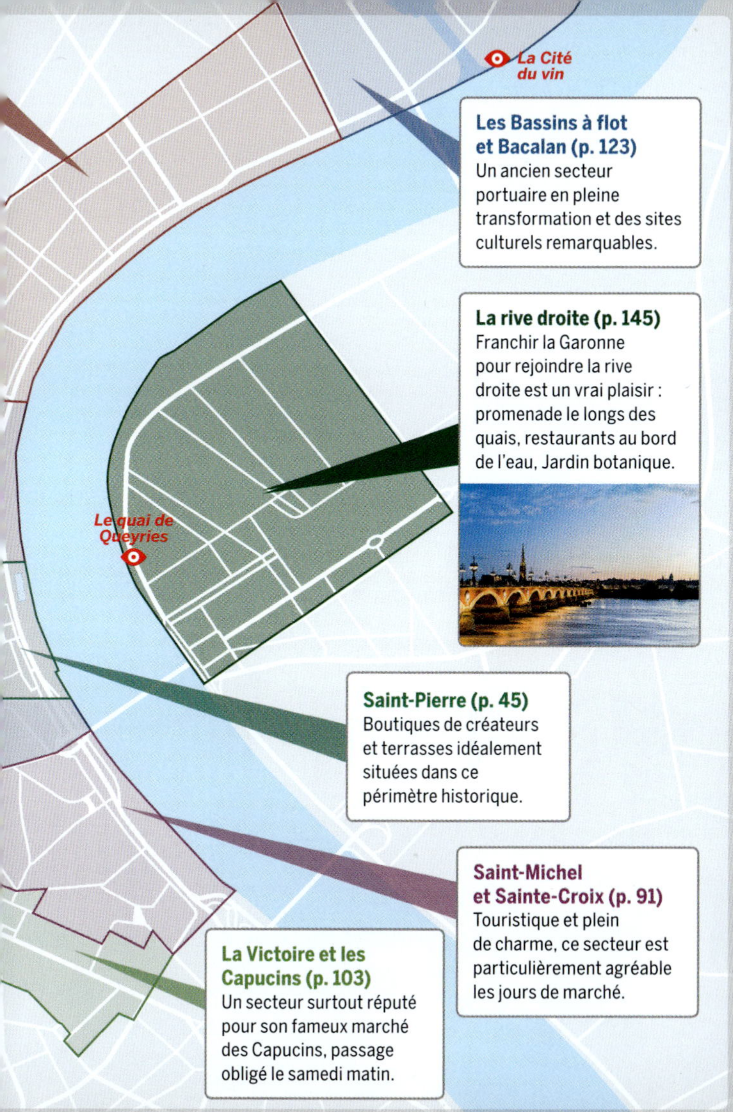

Les Bassins à flot et Bacalan (p. 123)
Un ancien secteur portuaire en pleine transformation et des sites culturels remarquables.

La rive droite (p. 145)
Franchir la Garonne pour rejoindre la rive droite est un vrai plaisir : promenade le longs des quais, restaurants au bord de l'eau, Jardin botanique.

Saint-Pierre (p. 45)
Boutiques de créateurs et terrasses idéalement situées dans ce périmètre historique.

Saint-Michel et Sainte-Croix (p. 91)
Touristique et plein de charme, ce secteur est particulièrement agréable les jours de marché.

La Victoire et les Capucins (p. 103)
Un secteur surtout réputé pour son fameux marché des Capucins, passage obligé le samedi matin.

Explorer Bordeaux

Promenade à vélo

Vaut le détour

Au premier plan, la cathédrale Saint-André (p. 62)
MARCOCIANNAREL/SHUTTERSTOCK ©

Explorer

Les Quinconces et le Triangle d'Or

Ce beau quartier fut en partie construit au XVIIIe siècle. Délimité par le cours de l'Intendance, le cours Georges-Clemenceau et les allées de Tourny, le Triangle d'Or réunit les artères chics de la ville. Les adresses les plus élégantes jalonnent les ruelles en étoile autour de la place des Grands-Hommes. Non loin, impossible de manquer l'esplanade des Quinconces et son monument aux Girondins.

Notre sélection

- ***Le Grand Théâtre (p. 32)*** *Une architecture néoclassique remarquable et une acoustique parfaite pour cet emblème de la ville.*
- ***L'esplanade des Quinconces (p. 34)*** *Le grand rendez-vous des fêtes populaires.*
- ***Allées de Tourny (p. 37)*** *Une majestueuse promenade arborée, aménagée au XVIIIe siècle.*
- ***Cadiot-Badie (p. 41)*** *Des gourmandises raffinées chez le plus grand chocolatier de Bordeaux.*

Comment y aller et circuler

Vélos en libre service aux stations V^{3} Quinconces, Grand-Théâtre, Place-Tourny.

La ligne de tramway B dessert la station Grand-Théâtre, les lignes C et D s'arrêtent à la station Quinconces.

La ligne fluviale Bat^{3} (BatCub) dessert les Quinconces depuis la rive droite et les Hangars des quais (infotbm.com ; 1,70 €, 3 € à bord).

Parkings allée de Chartres, rue de Lhote et place Tourny.

La place de la Comédie (p. 36) CORALIE MODSCHIEDLER ©

Les incontournables

Le Grand Théâtre

Réalisé par l'architecte Victor Louis entre 1773 et 1780 sur commande du duc de Richelieu, gouverneur de Guyenne, le Grand Théâtre fut édifié sur les vestiges d'un temple gallo-romain – les piliers de Tutelle – détruit sous Louis XIV. Ce magnifique monument abrite l'Opéra national de Bordeaux. Au programme : œuvres lyriques, concerts symphoniques et représentations du ballet de l'Opéra (voir aussi p. 41).

Plan E5

05 56 00 85 95

www.opera-bordeaux.com

Place de la Comédie

B Grand-Théâtre, C et D Quinconces

L'architecture

Le Grand Théâtre est caractérisé par une architecture néoclassique remarquable. Avec sa façade aux colonnes surmontées de statues de muses et de déesses, il préfigure déjà le style Empire.

Le vestibule

L'intérieur frappe par son aspect monumental. Au-dessus du grand vestibule, un plafond à caissons orné de rosaces est soutenu par 16 colonnes ioniques. Il est inspiré de l'architecture antique, tout comme le large escalier à double volée, dont le dessin sera repris par Charles Garnier pour la construction de l'Opéra de Paris.

La salle de spectacle

Ornée d'or, de blanc et de bleu, les couleurs de la royauté, la salle offre une acoustique parfaite. Au plafond, les fresques d'origine de Claude Robin furent reprises en 1917 par François-Maurice Roganeau. La pièce maîtresse des lieux est un lustre de Bohême monumental qui illumine la salle de ses 14 000 cristaux depuis 1917.

★ À savoir

- Des **visites guidées** (10 €, gratuit -12 ans) sont proposées en dehors de la période estivale, sur réservation et en fonction des contraintes techniques liées aux spectacles.
- Les **Concerts du dimanche** (11h, tarif plein/-28 ans 10/1 €) se tiennent chaque premier dimanche du mois. Certains sont suivis de dégustation de vins.
- Des **Midis musicaux** (tarif plein/-28 ans 10/1 €) de 45 minutes sont régulièrement proposés à l'heure du déjeuner.
- Le Chœur de l'Opéra donne aussi rendez-vous pour des **apéros-concerts** (11h, tarif plein/-28 ans 10/1 €).

Une petite pause ?

- Rendez-vous à la brasserie du **Quatrième Mur** (p. 40), pour la cuisine de Philippe Etchebest et le cadre du Grand Théâtre.

Les incontournables

L'esplanade des Quinconces

Cette esplanade de 12 ha, dont les Bordelais se plaisent à souligner qu'elle est la plus grande place d'Europe, a été aménagée au XIXe siècle. Là se dressait autrefois le château Trompette, construit par Charles VII pour surveiller la ville après le départ des Anglais au XVe siècle. Détruit pendant la Fronde, il fut rebâti au XVIIe siècle par Louis XIV puis démoli en 1818. L'esplanade, plantée sur les côtés d'arbres en quinconce, prit alors son aspect actuel.

PLAN E4

Place des Quinconces

B, C et D Quinconces

Le monument aux Girondins

Cette fontaine est typique de la statuaire monumentale de la IIIe République. Parmi la profusion des statues émergent le *Char de la République* au sud (côté Grand Théâtre), le *Triomphe de la Concorde* au nord (côté Chartrons) et, au sommet de la colonne centrale, la *Liberté brisant ses chaînes*. L'histoire de ce monument fait la fierté des Bordelais : en 1942, tout fut fait pour ralentir le déboulonnage de ses bronzes destinés à être fondus. Disparus en 1943, ils furent retrouvés intacts à Angers à la fin de la guerre. Ils revinrent triomphalement à Bordeaux en 1945, le monument devenant un emblème de la liberté sauvegardée de la ville. Toutefois, il fallut attendre 1983 pour qu'ils reprennent leur place initiale.

Les colonnes rostrales

Face au fleuve se dressent deux colonnes rostrales de style néoclassique, érigées en 1828 par Alexandre Poitevin. De 21 m de hauteur, elles portent deux statues représentant le Commerce (colonne nord) et la Navigation (colonne sud). Elles sont ornées dans leur tiers inférieur de quatre proues de galères prolongées de rostres symbolisant la victoire des flottes romaines sur celles de Carthage.

★ À savoir

- Une fête foraine, la **Foire aux plaisirs** (foireauxplaisirs.com), se tient ici chaque année au printemps (mars) et à l'automne (octobre).
- Le **cirque Arlette Gruss** (www.cirque-gruss.com) y entame ses tournées en janvier.
- En vous avançant du côté des quais, vous pourrez apprécier la vue sur la Garonne et la rive droite.
- Traversez la place pour découvrir deux statues en marbre représentant Montaigne et Montesquieu, érigées au XIXe siècle par le sculpteur Dominique Fortuné Maggesi.

Une petite pause ?

L'italien **Fuxia** (05 56 52 81 23 ; 40 allée d'Orléans ; dim-jeu 10h-23h, ven-sam 10h-23h30 ; plats 13-20 €) est un bon choix pour la vue sur les Quinconces et les horaires tardifs.

Voir

Place de la Comédie

URBANISME

1 PLAN D5

À l'intersection de plusieurs quartiers du centre historique, cette place redevenue piétonne constitue un bon point de départ pour une visite de la ville (l'office du tourisme est à deux pas, au 12 cours du 30-Juillet). Face au Grand Théâtre (l'emblème de la ville), le luxueux Intercontinental Grand Hôtel arbore une façade néoclassique, qui fut également dessinée par Victor Louis. La nuit tombée, des jeux de lumière mettent en valeur ces édifices. Admirez aussi la sculpture monumentale de l'artiste espagnol Jaume Plensa : *Sanna*, un visage féminin s'inscrivant parfaitement dans ce décor architectural du XVIIIe siècle. Au départ éphémère, cette installation, qui séduisit les Bordelais, est pour l'instant toujours en place grâce à un mécène anonyme. Deux grandes rues commerçantes se rejoignent sur la place : la longue rue Sainte-Catherine (grandes enseignes) et le cours de l'Intendance (shopping plus chic).

La cour Mably

Église Notre-Dame

ARCHITECTURE BAROQUE

2 PLAN D5

Cette superbe église baroque fut édifiée de 1684 à 1707, en pleine Contre-Réforme, au moment où Louis XIV entendait ramener la ville dans le droit chemin. Voulant dégager les abords du château Trompette, il fit raser l'église des Dominicains qui se trouvait là. Ils firent alors construire un nouveau couvent sur un terrain acheté en 1683 dont l'église Notre-Dame et le cloître sur la droite (cour Mably) sont les seuls vestiges. La façade reflète une grande liberté de forme et d'ornementation. Tout en légèreté et lumineux, l'intérieur vaut également la visite. La sobriété de ses lignes contraste avec le foisonnement décoratif de l'extérieur. L'église recèle un très bel orgue du XVIIIe siècle, de magnifiques grilles en fer forgé de la même époque sur les deux côtés du chœur, ainsi qu'une belle chaire en bois sculpté surmontée d'un groupe en marbre.

(1 place du Chapelet ; 9h30-19h30, lun après-midi-dim ; B Grand-Théâtre, C et D Quinconces)

Passage Sarget

PASSAGE COUVERT

3 PLAN D5

Ce passage reliant le cours de l'Intendance à la place du Chapelet fut ouvert au public en 1878. Durant de nombreuses années, un faux plafond dissimula une magnifique verrière, que l'on peut aujourd'hui admirer. Commerces et cafés trouvent ainsi place sous une belle charpente métallique, accompagnée d'un décor honorant Mercure, dieu du commerce. (du 10 cours de l'Intendance à la place du Chapelet ; B Grand-Théâtre, C et D Quinconces)

Cour Mably

COUR PAISIBLE

4 PLAN D5

L'ancien cloître du couvent des Dominicains servit de bibliothèque publique au XVIIIe siècle, avant d'accueillir la Société des amis de la Constitution, fondée par les Girondins pendant la Révolution. Avec l'église Notre-Dame, c'est le seul vestige du couvent. De nos jours, l'ancienne salle capitulaire accueille des expositions temporaires. (05 24 57 65 60 ; 3 rue Mably ; ouvert selon expo ; B Grand-Théâtre, C et D Quinconces)

Allées de Tourny

URBANISME

5 PLAN D4

Ombragée par quatre rangées d'arbres, cette grande avenue, aménagée en 1745 par l'intendant Louis-Aubert de Tourny (1695-1760), offre l'occasion d'une promenade agréable. Admirez les superbes demeures du XVIIIe siècle ; à l'origine, elles ne dépassaient pas un ou deux étages, pour ne pas entraver la fonction de surveillance du château Trompette (autrefois à l'emplacement de l'esplanade des Quinconces). Le côté des numéros impairs fut construit plus tardivement. Jetez un coup d'œil à la façade du n°9 et aux motifs égyptiens au n°3. Au bout, à l'angle du cours Georges-Clemenceau, la statue en pied du marquis de Tourny se dresse au centre de la place éponyme. En juin, les allées accueillent les Épicuriales pour un joli moment festif et gourmand. (allées de Tourny ; B Grand-Théâtre, C et D Quinconces)

Galerie DX

ART CONTEMPORAIN

6 PLAN D4

Guettez la programmation de cette galerie qui propose des expositions d'art contemporain de belle facture. (05 57 83 04 81 ; www.galeriedx.com ; 7 rue Buffon ; mar-sam 14h-19h ; B Grand-Théâtre, C et D Quinconces)

Se restaurer

Any'Teas

SALON DE THÉ €

VOIR 2 PLAN E5

On peut y déjeuner d'une salade de saison, d'un plat de pâtes ou d'une tartine salée. L'après-midi, installé dans un cadre raffiné, on savoure un thé (80 variétés) ou un chocolat à l'ancienne, accompagné de pâtisseries maison (dont des scones). Le petit escalier en colimaçon qui monte à l'étage est l'œuvre de Gustave Eiffel. (☎ 05 56 81 29 86 ; 16 passage Sarget ; plats 14-16 € ; ⏲ mar-sam 9h30-19h ; 🚋 B Grand-Théâtre, C et D Quinconces)

Contrast

BRUNCH **€**

7 PLAN F5

L'endroit *in* pour un brunch près des quais : brioche perdue maison, pancakes, tartines gourmandes sucrées ou salées... Tout est délicieux et servi avec le sourire, dans une ambiance cocooning. Options végan, plats en plus du brunch le midi et cocktails le soir. (☎ 05 56 81 29 86 ; www.contrast-brunch.com ; 16 cours du Chapeau-Rouge ; formule brunch 24-26 €, plats 6-16 € ; ⏲ lun, jeu-ven 9h30-18h, sam-dim 10h30-18h30 ; 🚋 B Grand-Théâtre, C et D Place-de-la-Bourse)

Peppone

ITALIEN **€€**

8 PLAN C5

Le lieu ne désemplit pas grâce à une ambiance chaleureuse et à une cuisine savoureuse, à base de produits frais. Les spaghettis au *pecorino* sont un délice et les savoureux copeaux de parmesan recouvrant bon nombre de pizzas sont tout simplement... divins ! Il y a souvent foule, mais c'est l'occasion de patienter tout en dégustant un petit verre de vin avec un assortiment de charcuterie *made in Italy*. (☎ 05 56 44 91 05 ; groupe-peppone.fr ; 31 cours Georges-Clemenceau ; plats 12-24 € ; ⏲ tlj 12h-14h30 et 19h-23h ; pas de réservations ; 🚋 C Jardin Public ou D Fondaudège-Muséum)

La rue Esprit-des-Lois

Initialement rue Porte-Richelieu, cette voie fut rebaptisée, en hommage à Montesquieu, rue Porte-de-l'Esprit-des-Lois en 1793, puis rue Esprit-des-Lois en 1810. Il est rare que le titre d'une œuvre soit attribué à une rue. Mais Montesquieu (1689-1755 ; voir aussi p. 165), l'auteur du célèbre essai exposant la théorie de la séparation des trois pouvoirs, entretenait de son vivant une relation étroite avec Bordeaux. C'est en effet dans cette ville proche du château familial qu'il suivit des études de droit, se maria et acquit une charge au Parlement municipal, avant de rejoindre l'Académie des sciences et des belles-lettres.

L'Entrecôte

INSTITUTION **€€**

9 PLAN E5

Préparez-vous à faire la queue avant de pouvoir pénétrer dans cette véritable institution et déguster le non moins immuable et délicieux faux-filet en tranches, accompagné de la fameuse sauce maison et de pommes allumettes resservies avec générosité. Menu unique à 20 €. (05 56 81 76 10 ; 4 cours du 30-Juillet ; tlj 12h-14h et 19h-22h30, pas de réservation ; B Grand-Théâtre, C et D Quinconces)

La Belle Epoque BRASSERIE €€

10 PLAN E5

Sur les quais, un vent nouveau souffle sur cette brasserie historique aux murs ornés de faïence. Le ton est donné avec une carte de saison sans faute : bons plats brasserie, belles présentations et assiettes copieuses. (05 56 79 14 58 ; 2 allées d'Orléans ; plats 12-28 €, plat du jour 14,50 € ; tlj 10h-minuit ; B, C et D Quinconces)

Elio's Ristorante SARDE €€€

11 PLAN F5

Soyez prévenu : ici, les portions sont de taille et l'addition grimpe vite. Reste que la vaste salle à l'étage est chaleureuse avec ses longues tablées, et que les pâtes et autres spécialités sardes sont nombreuses et savoureuses. (05 56 81 81 11 ; 22 cours du Chapeau-Rouge ; plats 14-38 € ; tlj sf dim 12h-14h et 19h30-22h30 ; B Grand-Théâtre, C et D Place-de-la-Bourse)

Le Chapon fin GASTRONOMIQUE €€€

12 PLAN C5

Un monument de la gastronomie bordelaise (Sacha Guitry, Sarah Bernhardt et Toulouse-Lautrec le fréquentèrent) ! Le chef actuel, Cédric Bobinet, signe un retour à

Elio's Ristorante

STÉPHANIE ET THOMAS SINIER ©

Le Cafeincup

une cuisine traditionnelle de haute tenue. (☎ 05 56 79 10 10 ; www.chapon-fin.com ; 5 rue Montesquieu ; menu midi mar-ven 39 €, menu soir 65-85 €, plats 29-43 € ; 🕒 mar-sam ; 🚋 C et D Quinconces)

Le Quatrième Mur

GASTRONOMIQUE €€€€

VOIR Grand Théâtre PLAN E5

Le Grand Théâtre est aussi le terrain de jeu de Philippe Etchebest, dont la table d'hôtes (170 €), au cœur des cuisines, est auréolée d'une étoile Michelin. Plus abordable, son menu brasserie renouvelé chaque semaine permet de profiter du cadre magistral des lieux. (☎ 05 56 02 49 70 ; www.quatrieme-mur.com ; 2 place de la Comédie ; menu 52 € ; 🕒 tlj 19h-23h et ven-dim 12h-14h30 ; 🚋 B Grand-Théâtre)

Le Pressoir d'argent

GASTRONOMIQUE €€€€

13 PLAN E5

Face à Philippe Etchebest officie son homologue britannique, Gordon Ramsay ! Turbot Wellington, tartine à la truffe noire de Gironde, homard à la presse : découvrez une cuisine subtile et authentique mettant à l'honneur les produits locaux dans ce restaurant doublement étoilé. Pour des plats moins onéreux mais tout aussi raffinés, essayez Le Bordeaux, son voisin à l'Intercontinental (plats 27-34 € ; brunch 98 € le dimanche). (☎ 05 57 30 44 44 ; bordeaux.intercontinental.com/le-pressoir-dargent-gordon-ramsay ; 2-5 place de la Comédie ; menu 185 €, plats 76-120 € ; 🕒 mar-sam 19h-23h ; 🚋 B Grand-Théâtre, C et D Quinconces)

Prendre un verre

Cafeincup

COFFEE SHOP

14 PLAN D5

Ici, on prend soin de vous : de délicieux cafés (classique, *macchiato*, *moccachino*… avec des grains torréfiés à Bordeaux), un merveilleux chocolat chaud à l'ancienne, des milkshakes et des smoothies, mais aussi des pâtisseries et sandwichs maison, sans compter le *buddha bowl* du mois, un savoureux mélange d'aliments sains. Et le brunch ? C'est tous les jours ! Une seconde adresse a ouvert à Saint-Pierre

(15 rue des Argentiers). (09 87 52 33 78 ; cafeincup.com ; 3 rue Louis Combes ; lun-sam 8h-18h30, dim 10h-18h ; B Grand-Théâtre, C et D Quinconces)

Bar à Vin

DÉGUSTATION

15 PLAN E5

Il faut souvent patienter avant de prendre place dans l'un des salons aux fauteuils design. Car le lieu, niché au cœur de la Maison du vin de Bordeaux, permet d'apprécier la richesse du terroir avec une carte de vins au verre régulièrement renouvelée et des conseils selon vos goûts et envies. (05 56 00 43 47 ; baravin.bordeaux.com ; 3 cours du 30-Juillet ; lun-sam 11h-22h ; B Grand-Théâtre, C et D Quinconces)

Rockwood

BAR

16 PLAN F5

Face à la Garonne, sa terrasse animée, ses *happy hours* et son baby-foot charrient une joyeuse ambiance. (rockwood.fr ; 4 quai Louis-XVIII ; lun-sam 16h-2h, dim 16h-23h ; B Grand-Théâtre, C et D Quinconces)

Sortir

Grand Théâtre

SPECTACLES CLASSIQUES

VOIR Grand Théâtre PLAN E5

Avec l'Auditorium, c'est l'une des deux scènes de l'Opéra national de Bordeaux. Au programme : opéras, spectacles d'art lyrique, ballets et concerts. À noter : avantageux tarif "dernière minute". (05 56 00 85 95 mar-sam 13h-18h30 ; www.opera-bordeaux.com ; place de la Comédie ; B Grand-Théâtre, C et D Quinconces)

Auditorium

CONCERTS

17 PLAN C5

Résidence de l'Orchestre national de Bordeaux Aquitaine, l'Auditorium possède une qualité acoustique et visuelle exceptionnelle. Cette salle de 1 440 places est le fruit d'une longue réhabilitation d'un ancien cinéma de music-hall. Programmation variée, du classique aux musiques du monde, en passant par le jazz. (05 57 78 41 19 ; www.opera-bordeaux.com ; 9-13 cours Georges-Clemenceau ; C Quinconces, D Fondaudège-Muséum)

CGR Le Français

CINÉMA

18 PLAN C5

Logé dans un ancien théâtre à la superbe architecture, ce multiplexe compte 12 salles. (0 892 688 588 ; www.cgrcinemas.fr ; 9 rue Montesquieu ; B, C et D Quinconces)

Shopping

Cadiot-Badie

CHOCOLATS

19 PLAN D4

C'est un plaisir de pousser la porte du plus grand chocolatier de Bordeaux pour l'accueil, la boutique à l'ancienne et la belle gamme de spécialités : bordelais (ganache de raisins macérés à la fine de Bordeaux), guinettes et feuilles de San Cristobal (chocolat au lait aux épices et éclats d'amandes). (05 56 44 24 22 ; www.cadiot-badie.com ; 26 allées de Tourny ; lun-sam 9h-19h, dim 10h-19h ; B, C et D Quinconces)

Saunion

CHOCOLATS

20 PLAN C5

Dans cette institution bordelaise créée en 1893, Thierry Lalet fait partager avec brio sa passion pour le chocolat. Guinettes, marrons glacés et fruits déguisés sont présentés dans de superbes boîtes. (05 56 48 05 75 ; www.saunion.fr ; 56 cours Georges-Clemenceau ; lun 14h-19h, mar-sam 10h-13h et 14h-19h ; B et C Quinconces, D Fondaudège-Muséum)

L'Intendant

VINS

21 PLAN E5

Près de 15 000 bouteilles sont réparties autour d'un escalier en colimaçon sur 12 m de hauteur. On commence au rez-de-chaussée par les petits vins, et on s'élève en qualité et en prix. (05 56 48 01 29 ; www.intendant.com ; 2 allées de Tourny ; lun-sam 10h-19h30 ; B, C et D Quinconces)

Bob Corner

DESIGN

22 PLAN D5

Pour les adeptes du design, classiques de la déco et pièces plus inédites se côtoient dans cette petite boutique de coin de rue. (05 56 23 18 70 ; www.bob-corner.fr ; 7 rue Fénelon ; tlj 10h-19h ; B Grand-Théâtre, C et D Quinconces)

La Maison Poétique

DÉCORATION

23 PLAN D4

Meubles en acier, décoration, luminaires, bougies... Le genre de boutique dont on aime pousser la porte pour chiner et se faire plaisir. (05 56 23 01 33 ; www.lamaisonpoetique.fr ; 21 rue Jean-Jacques-Rousseau ; lun 14h30-19h, mar-sam 11h-19h ; B, C et D Quinconces)

Jane de Boy

CONCEPT STORE

24 PLAN E5

Après le Cap-Ferret, Jane de Boy prolonge l'aventure en mettant en scène son univers de multi-marques de créateurs dans un appartement bordelais. Mode femmes et hommes, mais aussi objets de déco. (05 56 30 19 08 ; www.janedeboy.com ; 8 cours du 30-Juillet ; lun-sam 10h-19h30 ; B, C et D Quinconces)

Nous Les Libellules

MODE

25 PLAN D6

Une adresse mode pointue mais qui sait rester abordable. Belle sélection de bijoux et accessoires également (sacs Claramonte, lingerie La Nouvelle, bijoux Hanka-ïn, etc.). (05 56 81 00 46 ; www.nouslesllibellules.com ; 8 rue Louis-Combes ; lun 13h-19h, mar-sam 10h30-19h, B Grand-Théâtre, C et D Quinconces)

STÉPHANIE ET THOMAS SINIER ©

La chocolaterie Saunion

Murmürs

MOBILIER

26 PLAN D6

L'univers de Murmürs se déploie sur plusieurs étages, de la chambre d'enfant au salon, le tout entre atmosphère bohème et scandinave. Belle sélection de mobilier et d'objets déco. (05 56 30 54 04 ; www.murmurs.fr ; 5 rue Louis-Combes ; lun-sam 10h30-19h, B Grand-Théâtre, C et D Quinconces)

Activités

Le Petit Train

VISITE DE LA VILLE

VOIR Office du tourisme PLAN E5

La visite de Bordeaux en petit train permet de découvrir l'histoire et l'architecture de la ville tout en évitant de longues marches. Commentaires audio (avec casque). (billets à l'office du tourisme ; 05 56 00 68 15 ; www.bordeaux-tourisme.com ; 12 cours du 30-Juillet ; infos à l'office du tourisme ; 45 min ; tarif plein/4-12 ans 10/5 € ; B, C et D Quinconces)

Bat³ (BatCub)

NAVETTE FLUVIALE

27 PLAN F5

Des Quinconces, il est possible d'embarquer à bord d'une navette fluviale pour rallier la rive droite ou la Cité du vin. Un joli moyen de découvrir la ville depuis l'eau ! (05 57 57 88 88 ; infotbm.com ; quais du Maréchal-Lyautey ; ticket 1,70 €, 3 € à bord, inclus dans les cartes d'abonnement du réseau TBM ; lun-ven 7h-19h30, sam-dim 9h-20h15 ; B, C et D Quinconces)

Explorer

Saint-Pierre

Il fait bon déambuler dans Saint-Pierre, le quartier phare du "Vieux Bordeaux". Le nom de certaines rues témoigne des diverses corporations d'artisans (fabricants de coffres, tonneliers...) qui occupaient autrefois cette zone située à l'emplacement du port gallo-romain. Le secteur se déploie derrière la majestueuse place de la Bourse et son contemporain Miroir d'eau. Le cours d'Alsace-et-Lorraine marque sa limite au sud.

Notre sélection

- ***Le Miroir d'eau (p. 48)*** *Rafraîchissement garanti sur cette grande dalle de granit bleu.*
- ***Église Saint-Pierre (p. 49)*** *Un édifice du XIVe siècle et sa superbe pietà du XVIIe siècle.*
- ***Place du Parlement (p. 49)*** *Un modèle d'harmonie architecturale.*
- ***La Machine à Lire (p. 57)*** *Les meilleurs romans sont à dénicher dans cette librairie installée dans un bâtiment du XVIIe siècle.*
- ***Grand bar Castan (p. 56)*** *Un superbe café 1900 où il fait bon faire une pause en terrasse.*

Comment y aller et circuler

Vélos en libre service aux stations V^3 Place-de-la-Bourse, Place Camille-Jullian et Place-du-Palais.

La ligne A du tramway dessert la station Place-du-Palais, les lignes C et D s'arrêtent à la station Place-de-la-Bourse.

Ligne de bus Citéis 47.

Parkings place de la Bourse et place Camille-Jullian.

Fontaine place de la Bourse (p. 48)

Promenade à pied

Le charme des rues piétonnes du quartier historique

Le quartier Saint-Pierre et ses jolies places reliées par des ruelles – piétonnières pour la plupart – est l'un des endroits les plus agréables de la ville à parcourir à pied. Au fil de la promenade, ce sont des chapitres entiers de l'histoire de la capitale girondine qui sont évoqués, de l'époque médiévale au siècle des Lumières.

La promenade

Départ Grand Théâtre

Arrivée Place Camille-Jullian

Distance 1,2 km

Durée 30 minutes

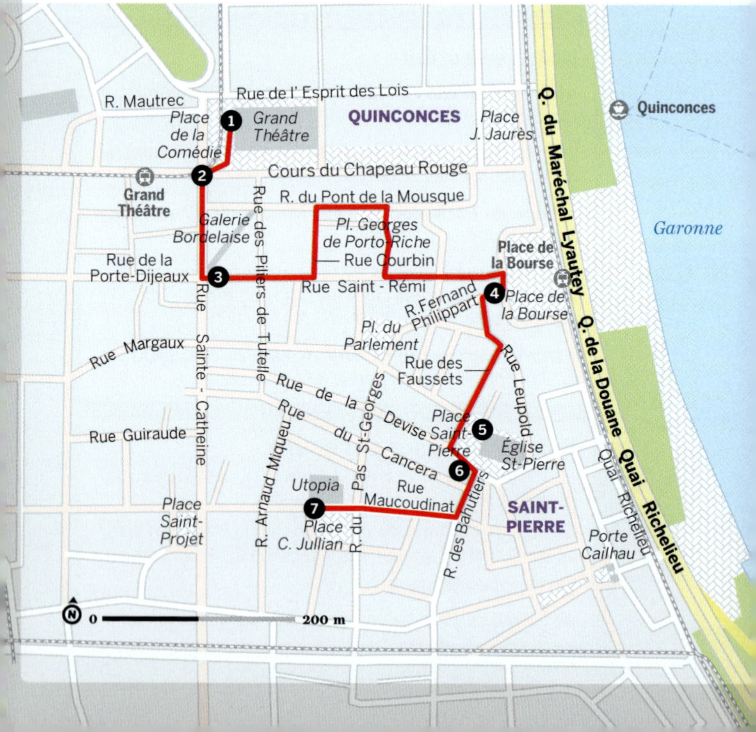

Voies romaines

Depuis le **Grand Théâtre ❶**, empruntez la **rue Sainte-Catherine ❷**, l'artère la plus longue de Bordeaux (1,2 km), qu'elle traverse du nord au sud. Aujourd'hui flanquée de commerces, elle constituait autrefois l'une des deux principales voies romaines du castrum avec la **rue de la Porte-Dijeaux**. À leur croisement, la **Galerie Bordelaise ❸** (p. 49) offre un bel exemple de passage couvert des années 1830.

Des ruelles cachées

Au début de la **rue Saint-Rémi**, prenez à gauche **rue Courbin**, puis empruntez la petite **rue pavée du Pont-de-la-Mousque** sur la droite. Au Moyen Âge, un pont y servait à franchir les fossés insalubres du Chapeau-Rouge. Au n°30 se trouvait en 1762 la maison Marie-Brizard. Plus loin, on rejoint la jolie **place Georges-de-Porto-Riche**. De retour **rue Saint-Rémi**, poursuivez jusqu'à la **place de la Bourse ❹** et son fameux **Miroir d'eau** (p. 48). Anciennement place Royale, elle a conservé, comme la **place du Parlement** (p. 49 ; place du Marché-Royal) et la rue Fernand-Philippart (rue Royale), son architecture du XVIIIe siècle.

En passant par chez Pierre Molinier

Empruntez la **rue Fernand-Philippart**. Rapidement, tournez à gauche en direction de la **rue Leupold** dont l'étroitesse rappelle la ville médiévale. Prenez la **rue des Faussets**, où vous pourrez, si vous trouvez des portes ouvertes, admirer quelques cours intérieures. Levez les yeux vers la frise aux aigles sous les toits du n°7. Il s'agit de l'ancienne demeure du sulfureux peintre et photographe Pierre Molinier (1900-1976). Rejoignez la **place Saint-Pierre ❺**, où se situait le port (au bord de la Devèze, aujourd'hui souterraine) durant la période gallo-romaine et où fut édifiée l'**église Saint-Pierre** (p. 49) au XIVe siècle. Remaniée au XIXe siècle, la façade de l'édifice servit de décor à une séquence du film *Les Misérables*, de Robert Hossein, en 1982.

À la rencontre des bahutiers

Remontez la **rue des Bahutiers**, nommée ainsi au XVIIIe siècle car elle était habitée par des fabricants de coffres. Quelques façades ont conservé leurs boiseries du siècle suivant, ce qui laisse imaginer les différents commerces qui suivirent (tavernes, bouquinistes, restaurants...). À l'angle de la **rue du Cancera ❻**, arrêtez-vous devant la sculpture de saint Pierre, datant de 1687, puis tournez à droite dans la **rue Maucoudinat**. Au coin, l'immeuble dit de la Samaritaine arbore au-dessus de sa porte une sculpture de la Samaritaine allant puiser de l'eau. Vous voici arrivé sur la très animée **place Camille-Jullian ❼**, où admirer le cinéma **Utopia** (p. 57).

Voir

Place de la Bourse
URBANISME

28 PLAN F6

Dessinée par Jacques Gabriel et son fils, Ange-Jacques Gabriel, premier architecte du roi, l'ancienne place Royale fut érigée de 1729 à 1755 afin d'ouvrir la ville-forteresse, enfermée dans ses murs depuis des siècles. Ses façades deviendront le modèle de la ville classique, avec un répertoire d'ornementations typique du XVIIIe siècle : pilastres engagés rythmant les façades, mascarons, rocailles, balcons en fer forgé. Au centre de la place s'élève la fontaine des Trois Grâces (1869). Sur le côté gauche, l'hôtel qui, sous l'Ancien Régime, abritait le service des Fermes accueille aujourd'hui le **musée national des Douanes** (09 70 27 57 66 ; www.musee-douanes.fr ; 1 place de la Bourse ; tarif plein/réduit 4/2 €, gratuit -18 ans, 1er dim du mois et avec le City Pass ; mar-dim 10h-18h ; C et D Place-de-la-Bourse). À l'intérieur, avec ses 40 m de longueur et ses 30 croisées, la halle de dédouanement admirablement restaurée est l'une des curiosités du lieu. Sur la place, visitez aussi l'instructif **Centre d'interprétation de l'architecture et du patrimoine** (05 56 48 04 24 ; 2-8 place de la Bourse ; gratuit ; lun-sam 10h-13h et 14h-18h, dim 9h30-13h et 14h-17h ; C et D Place-de-la-Bourse), pour visualiser l'histoire de Bordeaux.

La porte Cailhau

STÉPHANIE ET THOMAS SINIER ©

Miroir d'eau
CURIOSITÉ

29 PLAN F6

C'est indéniablement la plus grande réussite de l'aménagement des quais. Entre le fleuve et la place de la Bourse, cette grande dalle de granit bleu couverte d'eau attire à la fois les touristes et les familles (aucun danger pour les enfants, l'eau n'est profonde que de 2 cm), les jeunes et les moins jeunes. Plusieurs fois par heure, 900 brumisateurs se mettent en action, de sorte qu'un brouillard s'élève au-dessus de l'eau, métamorphosant les promeneurs en silhouettes fantomatiques. L'été, le Miroir d'eau se transforme en une sorte de miniplage où toute une foule se donne rendez-vous pour se rafraîchir. En vous plaçant dos au fleuve, vous pourrez y voir se refléter les façades des immeubles du XVIIIe siècle classées au patrimoine mondial de l'Unesco. (tlj 10h-22h, sf en hiver ; C et D Place-de-la-Bourse)

Galerie bordelaise

PASSAGE COUVERT

30 PLAN E6

À l'instar du passage Sarget (p. 37), cette galerie commerçante constitue un bel exemple de passage couvert du XIXe siècle, avec une verrière et des colonnes coiffées de feuilles d'acanthe. Réalisée en 1833, elle relie les rues Sainte-Catherine et Piliers-de-Tutelle. (lun-sam 9h-19h30 ; B Grand-Théâtre, C et D Quinconces)

Place du Parlement

URBANISME

31 PLAN E6

Aménagée en 1760 à la demande de l'intendant Tourny, cette place se nommait à l'origine place du Marché-Royal. Ses immeubles ornés de mascarons et de moulures forment un bel ensemble de style Louis XV ; certaines maisons ont été édifiées plus tardivement, dans le respect de l'harmonie initiale. La fontaine, construite dans le même esprit, date de 1869. Les terrasses de cafés et la belle librairie, la Machine à Lire (p. 57), font de cette place lumineuse l'un des pôles d'attraction du quartier. (C et D Place-de-la-Bourse)

Église Saint-Pierre

ÉGLISE

32 PLAN F7

Érigée au XIVe siècle dans le style gothique flamboyant, l'église Saint-Pierre était à l'origine la paroisse des artisans et des marchands. Remarquez son beau portail aux voussures ornées d'anges, de prophètes et d'apôtres. À l'intérieur, découvrez la superbe pietà du XVIIe siècle. (place Saint-Pierre ; tlj 9h-17h, jusqu'à 18h en été ; A Place-du-Palais)

Porte Cailhau

ÉDIFICE HISTORIQUE

33 PLAN F7

Avec ses poivrières et son clocheton hérissés vers le ciel, la porte Cailhau s'apparente à la fois à une tour de défense et à un édifice ornemental. Haute de 35 m, elle fut érigée en 1495 à la gloire du roi Charles VIII qui venait de conquérir le royaume de Naples. Son architecture reflète la transition entre le Moyen Âge et la Renaissance : la porte

Le square Vinet

Ce petit coin de verdure bien caché ravit autant les amoureux de la nature que les enfants qui y trouvent un espace de jeux. Admirez son mur végétal de 400 m² (l'un des plus longs du monde) conçu par le paysagiste Michel Desvigne. (rue Vinet ; C et D Place-de-la-Bourse)

comportait autrefois une herse et elle a conservé ses mâchicoulis, mais ses fenêtres à meneaux, ses niches flamboyantes et ses éléments décoratifs évoquent une plus grande préciosité. La visite permet d'accéder à la salle des gardes et aux combles des tours, d'où l'on profite d'une vue sur le pont de Pierre. (05 56 00 66 08 ; place du Palais ; tarif plein/réduit 5/3,50 €, gratuit -12 ans et avec le City Pass ; tlj 10h-13h et 14h-18h ; A Place-du-Palais, C et D Porte-de-Bourgogne)

Espace Saint-Rémi EXPOSITIONS

34 PLAN F6

Cet espace d'exposition vaut autant pour les œuvres qui y sont présentées que pour le cadre dont elles profitent : celui de l'ancienne église Saint-Rémi, édifiée au XIVe siècle sur l'emplacement d'un temple dédié à Janus et remaniée aux XVe et XVIe siècles. Les nervures des voûtes de ses deux nefs sont particulièrement belles. (05 24 57 65 60 ; 4 rue Jouannet ; gratuit ; variable selon expo ; C et D Place-de-la-Bourse)

Se restaurer

West Coast BURGERS €

35 PLAN E6

Le maître mot de la maison ? *Home made*. Au menu donc, des produits frais et de saison, et des burgers originaux (dont un 100% végétarien). Si les accompagnements (coleslaw, beignets d'oignons, frites) sont en supplément, les portions sont généreuses. Gardez une petite place pour le *lemon cheesecake*. (05 40 05 86 90 ; 31 rue du Cancera ; burgers 10-11,50 €, formules midi/soir 13,90/19 € ; tlj 12h-14h30 et 19h-22h30 ; A Sainte-Catherine, C et D Place-de-la-Bourse)

By Popote SUR LE POUCE €

36 PLAN E6

De la restauration rapide de qualité : salades, sandwichs, plats chauds et desserts (savoureux cookies et autres gourmandises) sont cuisinés sur place, dans cet ancien atelier de tailleur pour hommes. Au calme, et avec sa terrasse d'angle, l'adresse est aussi agréable pour une pause thé ou café. (07 83 94 23 22 ; 33 rue des Piliers-de-Tutelle ; formules 7,50-12,50 €, sandwichs et plats 4-8,90 € ; lun-ven 11h30-15h30 ; B Grand-Théâtre, C et D Place-de-la-Bourse)

L'Originel CUISINE DE SAISON €€

37 PLAN E7

Savourez une cuisine inventive, généreuse et raffinée, avec un menu renouvelé au gré des saisons : tartare de crevettes sauvages, agneau de sept heures, moelleux noisettes avec son crémeux au citron. Cadre soigné et chaleureux. Excellent rapport qualité/prix, surtout le midi. Une belle trouvaille ! (05 56 44 21 19 ; 35 rue du Loup ; formules mar-ven midi 18-21 € ou plat seul 15 €, formule soir 39 €, plats 23-25 € ; mar-sam 12h-14h30 et 19h30-21h30 ; A Sainte-Catherine)

Cru

TARTARES **€€**

38 PLAN F7

Coup de cœur pour cet excellent restaurant-bar à tartares. Un concept innovant – tout est servi cru –, mais surtout des produits de qualité et une équipe efficace. Élodie en cuisine et Jérémie en salle ont gagné leur pari en ouvrant cette adresse insolite, toute en longueur, dans un cadre cosy et contemporain en plein centre historique de Bordeaux. Tartare de bœuf classique ou façon Rossini, carpaccio de Saint-Jacques, tartare de canard du Sud-Ouest (et pourquoi pas !) : tout est bon, parfaitement assaisonné et joliment présenté. (05 24 72 24 14 ; cru-restaurant-bordeaux.eatbu.com ; 33 rue des Bahutiers ; tartares 17-24 € ; lun-mar 19h-22h, jeu-sam 19h-22h30 ; A Place-du-Palais)

La Maison de Margot

RESTAURANT-BAR À VIN **€€**

39 PLAN E7

Une adresse pleine de charme, dans un lieu atypique et classé. Sous les voûtes de l'ancien couvent de la Merci, au milieu d'objets chinés (tous à vendre), confortablement installé sur une chaise rembourrée ou l'un des canapés en velours, on déguste un vin bio qui accompagne avec bonheur les petits plats concoctés par Margot (tortellinis aux truffes,

Plat du jour (canard) à l'Originel

Remplir son panier

Lamproie à la bordelaise, cèpes, terrine vigneronne, Lillet (apéritif mêlant vins et infusions de fruits), foie gras de canard... on pourrait continuer longtemps la liste des bons produits du **Comptoir bordelais** (255 Plan E6 ; 05 56 79 22 61 ; 1*bis* rue des Piliers-de-Tutelle ; lun-sam 10h-19h ; B Grand-Théâtre), où il est facile de composer un panier gourmand. Cette épicerie fine fait aussi caviste. Pour constituer un plateau de fromages, direction la rue du Pas-Saint-Georges et la **fromagerie Deruelle** (256 Plan E7 ; 05 57 83 04 15 ; www.fromagerie-deruelle.com ; 66 rue du Pas-Saint-Georges ; lun 16h-19h30, mar-sam 10h-13h30 et 16h-19h30, dim 10h-13h30 ; A Place-du-Palais) : choix et qualité sont au rendez-vous ! À l'heure du goûter, dirigez-vous vers **La Fabrique Pains et Bricoles** (257 Plan E7 ; 05 56 44 84 26 ; la-fabrique-pains-et-bricoles-bordeaux.eatbu.com ; 47 rue du Pas-Saint-Georges ; lun-sam 8h-20h30 ; A Place-du-Palais) pour ses savoureuses douceurs, dont un pain aux pommes et des madeleines (sans doute les meilleures de la ville), et sa grande table d'hôtes.

échine de porc confite, dos de cabillaud sauce chorizo, desserts maison...). (06 14 29 75 06 ; www.lamaisondemargot.fr ; 27 rue Arnaud Miqueu ; plats 15-24 € ; mer-sam 12h-14h et 18h-23h ; A Sainte-Catherine)

Madame Pang

DIM SUM ET COCKTAILS **€€**

40 PLAN E6

Le salon cosy à l'entrée donne le ton de ce bar à dim sum où l'on vient savourer, dans une atmosphère très lounge, de savoureuses bouchées asiatiques et des cocktails tout aussi réussis. (05 56 38 47 13 ; www.madamepang.com ; 16 rue de la Devise ; dim sum 7-8 €, autres plats à partager 7-11 €, cocktails à partir de 11 € ; mar-sam 19h-1h ; A Place-du-Palais, C et D Place-de-la-Bourse)

Mokoji

CORÉEN **€€**

41 PLAN E7

Ce paisible petit restaurant coréen propose une courte carte de plats délicieux. Le *bibimbap* est frais, savoureux et copieux. Selon vos envies, arrosez-le de sauce soja ou pimentée ! Une seconde adresse à la déco plus tendance et spécialisée dans les barbecues coréens a ouvert tout près (Mokoji Grill, 45 rue du Pas-Saint-Georges, soir uniquement). (05 56 06 60 03 ; 13 rue du Serpolet ; plats 14-16,50 € ; mar-sam 12h-14h30 et 19h30-22h30 ; A Sainte-Catherine)

L'Annexe du Café Japonais

JAPONAIS €€

VOIR 55 PLAN E7

Il y a le Café Japonais, et il y a cette annexe accolée au cinéma Utopia où, dans une déco très zen, on savoure des mets toujours aussi frais et bons. Plat du jour et formule bento le midi, ou desserts japonais et thés verts pour une pause tout en douceur l'après-midi. (05 56 48 68 48 ; www.cafe-japonais.com ; 13 rue Saint-Siméon ; formule midi 13,60 €, plats 9-16 € ; tlj 12h-23h ; A Sainte-Catherine)

Michel's

BISTROT €€

42 PLAN E6

Un bistrot de quartier aux couleurs acidulées, avec une cuisine simple et de qualité. Le burger au thon est excellent, et le tartare est bien préparé, tout comme le poêlon végétarien (falafel et purée de céleri). (05 56 81 31 56 ; michelsbistro.zenchef.com ; 15 rue du Pas-Saint-Georges ; plats 13-25 € ; lun-sam 8h-22h, dim 11h-23h ; C et D Place-de-la-Bourse)

Le Bouchon Bordelais

CUISINE DU MARCHÉ €€

43 PLAN E5

Voici une maison où l'on se sent bien. On aime la cuisine qui change au gré des saisons et des envies du chef, Frédéric Vigouroux, la formule "Mic Mac du midi", les conseils sur le choix du vin et le cadre bistrot. Pensez à réserver. (05 56 44 33 00 ; www.bouchon-bordelais.com ; 2 rue Courbin ; plats midi/soir 11,80-16,50/21 €, formules soir 28-39 €, menu surprise soir 55 € ; mar-ven 12h-13h30 et 20h-21h30, sam 20h-21h30 ; B Grand-Théâtre)

Mampuku

PLATS À PARTAGER €€

44 PLAN G7

Trois chefs d'horizons différents et un menu autour de 5 plats qui nous embarque entre Asie, Pacifique et Moyen-Orient. C'est qu'il s'agit de se mettre d'accord sur les plats à partager, comme le veut le concept du lieu. Les chefs du Mampuku parlent de *street food* réinventée. Pour nous,

La terrasse de Michel's

c'est bien plus que ça. (05 56 81 18 75 ; www.mampuku.fr ; 9 rue Ausone ; formule midi mar-ven 19-23 €, menus 33-39 € ; mar-sam 12h-13h30 et 19h-21h30 ; A Place-du-Palais, C ou D Porte-de-Bourgogne)

Tante Charlotte

CUISINE DU TERROIR **€€€**

45 PLAN F7

Tante Charlotte, c'est toute une expérience : un accueil attentionné que vous n'êtes pas près d'oublier, une lumière tamisée pour un dîner aux chandelles dans une ambiance intime, une cuisine riche et savoureuse (ravioles de joue de bœuf, magret de canard et sa pomme purée au fouet, charlotte maison...). On s'y sent bien et on prend son temps ! Réservation fortement conseillée. (09 82 60 13 12 ; 7 rue des Bahutiers ; plats 22 €, menu avec vin 49,50 € ; mar-sam 19h30-22h30 ; A Place-du-Palais, C et D Place-de-la-Bourse)

Le Davoli

FINE CUISINE **€€€€**

46 PLAN F7

Prenez place dans l'agréable salle aux murs en pierre et laissez-vous séduire par le service et les assiettes. Une jolie partition saisonnière s'y orchestre, à l'image de ce merlu de ligne en tronçon, lasagnes à l'encre de seiche, coques, légumes racines, écume marinière. L'une des belles adresses de Saint-Pierre. (05 56 48 22 19 ; www.ledavoli.com ; 13 rue des Bahutiers ; formules midi mar-ven 24-28 €, menus 44-58 € ; lun-ven 12h15-13h15 et 19h30-21h30 ;

La Comtesse (p. 56)

A Place-du-Palais, C et D Place-de-la-Bourse)

Prendre un verre

Le Café de l'Utopia CAFÉ-CINÉMA

VOIR 55 PLAN E7

Sa terrasse, adossée au grand mur de l'Utopia (p. 57), est idéale pour profiter du soleil sur la place Camille-Jullian. Comme il se doit, le café réunit les cinéphiles bordelais, mais pas seulement. (05 56 79 39 25 ; www.cafe-utopia.fr ; 5 place Camille-Jullian ; tlj 10h-22h30, jusqu'à 1h en été ; A Place-du-Palais, Sainte-Catherine)

La Diplomate SALON DE THÉ

47 PLAN E6

Le paradis du thé (et des scones), à déguster dans une atmosphère paisible et discrètement rétro. On craque aussi pour le chocolat chaud et les autres pâtisseries maison. (06 26 07 25 46 ; www.ladiplomate.fr ; 32 rue du Parlement-Saint-Pierre ; mar-dim 14h-19h ; C Place-de-la-Bourse)

Ambrosia BAR

48 PLAN F7

Vins, bières, cocktails... ce beau bar donne envie de prendre son temps. On y vient aussi pour les brunchs (22 €) du dimanche, où les produits locaux composent de bien belles assiettes. (05 56 01 26 53 ; www.ambrosia-bar.com ; 32 rue du Chai-des-Farines ; mar-sam 17h-2h, dim 12h-2h ; A Place-du-Palais, C et D Porte-de-Bourgogne)

Café Brun BAR-PUB

49 PLAN E6

Murs en pierre, panneaux de bois sombre, le temps semble suspendu dans ce magnifique café. Au programme : apéros-concerts, retransmission d'événements sportifs et sans doute la plus belle carte de whiskys à Bordeaux. (05 56 52 20 49 ; 45 rue Saint-Rémi ; lun-ven 9h-2h, sam 10h-2h, dim 13h-2h ; B Grand-Théâtre, C et D Place-de-la-Bourse)

The Houses of Parliament PUB

50 PLAN E6

Ici, les accalmies se font rares, entre tournois de fléchettes, compétitions de billard, soirées-concerts, quiz et *happy hour* (17h-19h). On note une tendance prononcée à faire la fête, de préférence autour d'une bière anglaise. (05 56 79 38 03 ; www.hop-pub.com ; 11 rue du Parlement-Sainte-Catherine ; lun-ven 15h-2h, sam 13h-2h, dim 14h-2h ; B Grand-Théâtre, C et D Place-de-la-Bourse)

Chez Fred CAFÉ AVEC VUE

51 PLAN F7

Un spot incontournable pour ses planches apéro en fin de journée, un verre tranquille en terrasse aux beaux jours, sa déco années 1950 et surtout sa vue de premier plan sur la porte Cailhau. (05 56 30

CAROLINE.DELABROY ©

Mint Bazar

91 01 ; 19 place du Palais ; lun-ven 7h30-2h, sam-dim 9h-2h ; A Place-du-Palais)

Grand Bar Castan CAFÉ HISTORIQUE

52 PLAN F6

Son décor 1900 est unique : une rocaille épaisse recouvre les murs de ce café, lui donnant un air de caverne ; à l'extérieur, une superbe marquise classée ornée de vitraux abrite une grande terrasse. Idéalement situé sur les quais. (05 56 44 51 97 ; 2 quai de la Douane ; tlj 9h30-2h ; C et D Place-de-la-Bourse)

La Comtesse BAR

53 PLAN F6

Sa déco en façade le distingue d'emblée, au milieu de cette jolie rue du Parlement-Saint-Pierre. À l'intérieur de cette Comtesse réputée pour ses mojitos à la framboise, une cheminée, des vieilles lampes et des fauteuils chinés distillent une ambiance de conte de fées. Côté musique, l'électro occupe une place de choix. (05 56 51 03 07 ; 25 rue du Parlement-Saint-Pierre ; tlj 17h45-2h ; C et D Place-de-la-Bourse)

Sortir

Calle Ocho SOIRÉES LATINOS

54 PLAN E6

Un incontournable des soirées enfiévrées aux rythmes latinos. Cela commence par l'apéro-tapas et se finit tard dans la nuit. (05 56 48 08 68 ; 24 rue des

Piliers-de-Tutelle ; lun-sam 17h-2h ; B Grand-Théâtre, C et D Place-de-la-Bourse)

Utopia

CINÉMA D'ART ET D'ESSAI

55 PLAN E7

Installé dans l'ancienne église Saint-Siméon du XVe siècle (deux des salles ont conservé l'architecture d'origine), ce cinéma d'art et d'essai est à l'origine du développement culturel du quartier. L'histoire des lieux est riche : après la Révolution, le bâtiment accueillit une salpêtrière ; puis en 1833, l'École navale des mousses et novices s'y établit. Plus tard se succéderont une fabrique de conserves, un marchand de cycles, un garage... (05 56 52 00 03 ; www.cinemas-utopia.org/bordeaux ; 5 place Camille-Jullian ; tarif plein 7 € ; A Place-du-Palais, Sainte-Catherine)

Shopping

La Machine à Lire

LIBRAIRIE

VOIR 31 PLAN F7

Comme Mollat (p. 74), l'autre librairie indépendante incontournable à Bordeaux, La Machine à Lire a ses aficionados, qui apprécient ses conseils avisés, ses rencontres et vitrines thématiques. Et pour ne rien gâcher à l'affaire, elle loge place du Parlement, dans un bel immeuble du XVIIe siècle. (05 56 48 03 87 ; www.lamachinealire.com ; 8 place du Parlement ; lun 14h-20h, mar-sam 10h-20h ; C et D Place-de-la-Bourse)

Session shopping

Les rues du quartier Saint-Pierre sont jalonnées d'innombrables boutiques. La plus animée est l'interminable rue Sainte-Catherine, à laquelle est rattachée la récente promenade Sainte-Catherine, où se succèdent les enseignes grand public. Pour dégotter des adresses plus confidentielles, quittez le flux de piétons et partez explorer les rues situées autour de la place du Parlement, de la place Saint-Pierre et de la place Camille-Jullian.

Au Dénicheur

BROCANTE

56 PLAN F7

Une véritable malle aux trésors. On y fouine durant des heures pour y découvrir des choses insolites, de vieux disques, des objets de collection, voire de vieux téléphones. Un lieu qui évoque le grenier de nos grands-parents, idéal pour les journées pluvieuses. (06 14 47 37 08 ; 12 rue de la Cour-des-Aides ; tlj sf mar 14h-18h ; C et D Place-de-la-Bourse)

Mint Bazar

MODE ET DÉCO

57 PLAN E7

Dans cet espace tout en longueur, vêtements de créateurs, bijoux, petite déco et autres jolies trouvailles vous font de l'œil. Pour offrir, ou se faire plaisir. (09 66 01 37 56 ; www.mintbazar.fr ; 48 rue du Pas-Saint-Georges ; lun 14h-19h, mar 11h-19h, mer-sam 10h-19h ; A Sainte-Catherine, C et D Place-de-la-Bourse)

Le Petit Souk

DÉCO ENFANTS

58 PLAN E7

Une boutique colorée, un brin foutraque, pour les petits mais aussi pour les grands. Jolis tissus, vaisselle en mélamine de chez Rice, guirlandes, coussins... Difficile d'en ressortir les mains vides. (05 56 90 83 01 ; www.lepetitsouk.fr ; 26 rue du Pas-Saint-Georges ; lun 13h-19h, mar-sam 10h-19h ; A Sainte-Catherine, C Place-de-la-Bourse)

Le Petit Souk

IDK-LÉ

CHAUSSURES ET ACCESSOIRES

59 PLAN E7

On aime la sélection – toujours opportune – de cette boutique dédiée aux chaussures (pour hommes et femmes) et aux accessoires (montres, bijoux, sacs, ceintures en cuir, etc.). L'accueil est chaleureux, à l'image du canapé en velours qui invite à prendre son temps. Pour les chaussures, mieux vaut attendre les soldes pour craquer ! (05 56 79 25 18 ; www.idkle.com ; 19 rue du Pas-Saint-Georges ; lun 13h30-19h30, mar-sam 10h-19h30 ; A Sainte-Catherine, C et D Place-de-la-Bourse)

Matsaï Mara

BIJOUX

60 PLAN E6

Une boutique façon boudoir contemporain, où l'on découvre avec un plaisir sans cesse renouvelé les créations de Matsaï Mara. Des bijoux (bagues, sautoirs, joncs, etc., certains personnalisables) si fins que l'on n'hésite pas à jouer les superpositions. (05 56 81 35 61 ; www.matsai-mara.com ; 20 rue du Pas-Saint-Georges ; lun-sam 10h-13h30 et 14h30-19h, dim 13h-18h ; A Sainte-Catherine, C et D Place-de-la-Bourse)

La Mauvaise Réputation

LIBRAIRIE

61 PLAN F7

Une librairie pas comme les autres : littérature érotique, fanzines, livres d'artistes, romans, bandes dessinées, produits dérivés, affiches et le meilleur du polar. Autre botte secrète de cette adresse, la galerie en face qui accueille de nombreux artistes. (05 56 79 73 54 ; www.lamauvaisereputation.net ; 19 rue des Argentiers ; lun-sam 14h-19h ; A Place-du-Palais)

Jolie Môme DÉPÔT-VENTE ET BIJOUX

62 PLAN E6

Le regard est d'abord attiré par la jolie vitrine et les bijoux de créateurs. À l'intérieur, on découvre de beaux vêtements et accessoires de seconde main, pour faire sa môme chic. (05 56 52 71 66 ; 22 rue du Pas-Saint-Georges ; lun-sam 12h-19h ; A Sainte-Catherine, C et D Place-de-la-Bourse)

Lili Cabas ACCESSOIRES MULTIMARQUES

63 PLAN

Autour de la créatrice Lili Cabas, dont les sacs arborent de beaux cuirs et intérieurs doublés de tissus colorés, se déploie l'univers d'un multimarques assez idéal. Dans un espace plein d'harmonie se côtoient ainsi bijoux (Les Femmes à Barbes, Aurélie Joliff, etc.), chaussures (Patricia Blanchet, Mon Soulier, etc.), foulards (Inoui, Ma poésie, Moismont) et vêtements (Vanessa Escoubert). Bel accueil. (09 72 84 92 45 ; www.lilicabas.com ; 78 rue du Pas-Saint-Georges ; mar-sam 11h-19h ; A Sainte-Catherine ou Place-du-Palais)

Activités

Croisières BALADES FLUVIALES

64 PLAN G7

Les possibilités de balades sur le fleuve sont nombreuses. Visite commentée des façades des quais classées au patrimoine mondial de l'Unesco, visites œnologiques ou encore simple escapade au fil de l'eau, il y en a pour tous les goûts. Plus ou moins loin, selon vos envies et votre budget. Les départs se font du ponton d'honneur, quai Richelieu. (renseignements à l'office du tourisme de Bordeaux ; 05 56 00 66 00 ; 12 cours du 30-Juillet)

Explorer

Pey-Berland et la place Gambetta

Dominé par la cathédrale Saint-André, le quartier Pey-Berland porte le nom de l'archevêque fondateur de l'université de Bordeaux en 1441. Il regroupe certains des plus beaux musées de la ville et possède des rues commerçantes animées. Plusieurs rues piétonnes mènent de Pey-Berland vers le cours de l'Intendance et la place Gambetta, dont la récente rénovation en place-jardin devrait valoriser les élégants édifices du XVIIIe siècle qui la ceinturent.

Notre sélection

- ***La cathédrale Saint-André** **(p. 62)*** *Cette merveille gothique domine la place Pey-Berland.*
- ***La tour Pey-Berland** **(p. 64)*** *Une vue spendide sur Bordeaux qui se mérite après avoir gravi 233 marches d'un escalier en vis.*
- ***Musée des Arts décoratifs et du Design** **(p. 67)*** *Reconstitution d'intérieurs bordelais des XVIIIe et XIXe siècles aux décors raffinés dans le magnifique hôtel de Lalande.*
- ***Musée des Beaux-Arts** **(p. 66)*** *Des œuvres de Corot, Delacroix, Braque, Odilon Redon ou Matisse.*

Comment y aller et circuler

Vélos en libre service aux stations V³ Place-Gambetta, Hôtel-de-Ville, Square André-Lhote, Musée-d'Aquitaine.

Les lignes A et B du tramway desservent la station Hôtel-de-Ville pour Pey-Berland, la ligne B dessert la station Gambetta-MADD pour la place Gambetta.

Lignes de bus 1, 2, 3, 4, 12, 15 et Citéis 47.

Parkings allée de Chartres, rue de Lhote et place Tourny.

La cathédrale Saint-André (p. 62)

Les incontournables

La cathédrale Saint-André

Merveille gothique dominant la place Pey-Berland de ses deux tours finement ciselées, la cathédrale fut d'abord une basilique romane, consacrée en 1096. L'édifice restauré que l'on admire aujourd'hui fut construit entre le XIIe et le XVIe siècle. Deux mariages royaux y furent célébrés : celui d'Aliénor d'Aquitaine et de Louis VII, futur roi de France, en 1137, et celui de Louis XIII et d'Anne d'Autriche, en 1615.

PLAN C7

05 56 44 67 29

www.cathedrale-bordeaux.fr

Place Pey-Berland

lun 14h-19h, mar-sam 10h-12h et 14h-18h, dim 9h30-12h et 14h-18h (horaires modifiés en juillet-août, consulter le site Internet)

A ou B Hôtel-de-Ville

Le portail royal

Cet admirable portail (côté hôtel de ville), construit vers 1250, était autrefois l'entrée la plus prestigieuse, jusqu'à l'ouverture du portail sud au XIVe siècle. D'après la légende, il aurait été muré après le mariage de Louis XIII et d'Anne d'Autriche, célébré ici le 8 décembre 1615. Une explication plus cartésienne voudrait qu'il l'ait été à la suite de la surélévation du sol. Dans les ébrasements, les statues de saints évoquent celles des ateliers rémois et parisiens du milieu du XIIIe siècle. Sur le tympan gothique, le Christ-juge, entouré de la Vierge et de saint Jean, domine la résurrection des morts. Au-dessus, la galerie des Évêques compte huit statues de 2,30 m de hauteur. Cet ouvrage était initialement peint (l'admirable restauration, achevée en 2015, a révélé des traces de polychromie). Puis, au XIXe siècle, il fut recouvert d'un enduit ocre jaune.

Les grandes orgues

Suite aux destructions de la Révolution, l'orgue de La Réole, conçu par le facteur toulousain Micot, est installé en 1804 dans la cathédrale. Mais les mécontentements se font vite entendre car l'instrument n'est pas assez puissant. Le mécanisme intérieur est alors échangé avec celui de l'église Sainte-Croix (p. 95). Puis le facteur d'orgues bordelais Georges Wenner le dote d'un plus grand récit en 1875, toujours sans donner satisfaction. En 1972, des grandes orgues sont spécifiquement commandées pour la cathédrale, qui seront mises en service en 1982.

Le trésor de la cathédrale

L'ancienne sacristie de la cathédrale abrite désormais la superbe collection réunie par le chanoine Albert Marcadé qui la légua en 1947 à l'État. Restaurée, elle renferme des statues et des tableaux primitifs italiens et espagnols.

★ À savoir

- La cathédrale Saint-André est inscrite au patrimoine mondial de l'Unesco depuis 1998.
- Des concerts sont parfois donnés dans la cathédrale. Consultez le calendrier sur le site Internet.
- Des visites guidées gratuites sont organisées à la demande par l'**association Ars et Fides** (☎06 83 50 93 85).
- Le trésor de la cathédrale se visite les mercredis et samedis de 14h30 à 17h30 (2 €, gratuit -12 ans).

Une petite pause ?

Installez-vous aux **Mots bleus** (p. 68) pour déjeuner d'un cake salé ou de lasagnes aux légumes du jour.

Les incontournables

La tour Pey-Berland

À quelques mètres de la cathédrale se dresse… son campanile, la tour Pey-Berland, érigée entre 1440 et 1446 et dont le bourdon de 8 tonnes, nommé Ferdinand-André, fut installé en 1869. La flèche qui la surmonte date du XIXe siècle, de même que la statue de Notre-Dame d'Aquitaine, qui étincelle à son sommet. Aujourd'hui, la tour est inscrite au patrimoine mondial de l'Unesco et figure, comme la cathédrale, sur le chemin de Saint-Jacques-de-Compostelle.

PLAN D7

05 56 81 26 25

Place Pey-Berland

Tarif plein/réduit 6/5 €, gratuit -25 ans et avec le City Pass

tlj 10h-12h30 et 14h-17h30 27 sept-22 mai, 10h-13h15 et 14h-18h 23 mai-fin sept.

A ou B Hôtel-de-Ville

Une histoire singulière

En raison du caractère marécageux du sol sous la cathédrale Saint-André, son clocher ne lui est pas attenant. En 1790, sa destruction fut évitée de peu grâce à la mobilisation de la population, qui parvint à stopper un projet d'élargissement des rues. La tour fut vendue, puis abrita une fabrique de plombs de chasse. Il fallut attendre 1851 pour qu'elle retrouve sa fonction initiale, après avoir été rachetée par le cardinal Donnet. Auparavant, elle n'avait jamais accueilli de cloche.

La chambre des cloches

Le beffroi en chêne, installé à 24 m au-dessus du sol, soutient quatre cloches monumentales munies d'un moteur électrique. Ferdinand-André 1, le premier bourdon trop lourd et fêlé, fut vite remplacé par Ferdinand-André 2, soit 8 tonnes et 2,32 m de diamètre. Première étape, première terrasse, vous êtes déjà à 40 m du sol. En baissant les yeux, vous apercevrez deux "petites" cloches. La plus grosse, Marguerite (2,5 tonnes), fut la seule coulée à Bordeaux, par la fonderie Bollée. La seconde sonne l'angélus en balançant ses 880 kilos.

Notre-Dame d'Aquitaine

Depuis la seconde terrasse, on aperçoit la flèche haute de 10 m. À son sommet, la statue de Notre-Dame d'Aquitaine (6 m de haut et 1,3 tonne) est l'œuvre de Jean-Alexandre Chertier, maître orfèvre parisien. Commandée par le cardinal Donnet en 1863, elle fut entièrement réalisée par un assemblage de plaques de cuivre, renforcé par une structure métallique. Tournée vers le Médoc, elle regarde en direction du hameau Saint-Raphaël à Avensan, lieu de naissance de Pey-Berland. Restaurée à la feuille d'or, elle perce aujourd'hui le ciel bordelais.

★ À savoir

- La montée est ardue : 233 marches et un escalier en vis. Cependant, la tour Pey-Berland offre au cœur de la ville la plus belle vue sur Bordeaux et ses principaux monuments (venez de préférence un jour où il fait beau).
- Pour les visites en famille, téléchargez le jeu pour les 8-12 ans sur le site www.lafabriqueahistoires.fr.

Une petite pause ?

Craquez pour une assiette danoise (15 €) du restaurant du **MADD** (p. 67), ouvert tous les jours sauf mardi et mercredi de 11h à 20h, brunch le dimanche à partir de 10h.

Voir

Palais Rohan

HÔTEL DE VILLE

65 PLAN C7

Le palais Rohan, siège de l'hôtel de ville depuis 1837, appartint longtemps aux archevêques de la ville. Son nom lui vient de l'un d'entre eux, Ferdinand-Maximilien Mériadec de Rohan, qui le fit entièrement reconstruire au XVIIIe siècle pour lui donner son aspect actuel : celui d'un imposant bâtiment d'architecture néoclassique, précédé d'une vaste cour pavée. Une visite guidée permet d'en découvrir l'intérieur, dont les éléments les plus notables sont l'escalier monumental, les salons de style Louis XVI et les trompe-l'œil de la salle à manger. Le palais comprend également deux ailes à l'arrière, occupées par le musée des Beaux-Arts (accès par le cours d'Albret), entre lesquelles se déploie un joli jardin public. (infos et réservation 05 56 00 66 00 ; www.visiter-bordeaux.com ; place Pey-Berland ; visite guidée tarif plein/réduit/5-12 ans 8/6/4 €, gratuit avec le City Pass ; visite guidée ven 10h et 11h ; A ou B Hôtel-de-Ville)

Musée des Beaux-Arts

PEINTURE EUROPÉENNE

66 PLAN B7

Ce musée regroupe des œuvres de l'école vénitienne (XVIe siècle), de belles toiles flamandes et hollandaises du XVIIe siècle et quelques peintures du XVIIIe siècle français. Des tableaux de Corot et de Delacroix sont également exposés, ainsi qu'une toile d'Odilon Redon. Dans l'aile consacrée à l'art moderne, admirez les œuvres de Georges Braque, de Zadkine et d'André Masson, et le bel ensemble de toiles de Matisse. Ateliers enfants les mercredis et durant les vacances scolaires. (05 56 10 20 56 ; www.musba-bordeaux.fr ; 20 cours d'Albret ; tarif plein/réduit 5/3 €, gratuit -18 ans, 1er dim du mois sept-juin et avec le City Pass, atelier enfant sur réservation 5 € ;

Le quartier Lescure et l'Art déco

À Bordeaux, le style Art déco a son quartier. Il s'est développé autour du **parc Lescure** (actuel stade Chaban-Delmas ; hors plan A8 ; Stade -Chaban-Delmas), inauguré en 1938. Lancé en 1925, ce vaste programme d'urbanisme correspondit au développement de la cité vers l'ouest. Près de l'avenue Vercingétorix, les rues paisibles et ombragées sont bordées d'élégantes demeures. L'ensemble est d'une unité exceptionnelle. Les porches aux lignes pures, les fenêtres à pan oblique et les ornements des façades (médaillons, cannelures, roses stylisées) révèlent des formes géométriques inspirées du vent de la modernité.

Musée des Arts décoratifs et du Design (MADD)

tlj sf mar et jours fériés 11h-18h ; A Palais-de-Justice)

Galerie des Beaux-Arts
EXPOSITIONS TEMPORAIRES

67 PLAN B7

Conçue en même temps que les bâtiments de l'Exposition universelle de 1937, cette galerie imposante rattachée au musée des Beaux-Arts accueille de grandes expositions temporaires sur 3 niveaux. (05 56 96 51 60 ; www.musba-bordeaux.fr ; place du Colonel -Raynal ; tarif plein/réduit 7/4 €, accès aux collections du musée des Beaux-Arts inclus, gratuit -18 ans, 1er dim du mois sept-juin et avec le City Pass ; tlj sf mar et jours fériés 11h-18h pendant expos ; A Mériadeck)

Musée des Arts décoratifs et du Design (MADD)
MOBILIER ET OBJETS D'ART

68 PLAN C7

Installée dans le magnifique hôtel de Lalande (1779), la collection du MADD se compose de meubles, céramiques et pièces de verrerie et d'orfèvrerie qui datent principalement des XVIIIe et XIXe siècles. Des décors raffinés d'intérieurs bordelais de l'époque sont reconstitués dans chaque salle, ce qui rend la visite plaisante et instructive. Parmi les plus belles pièces figurent un secrétaire Louis XVI (salon de Porcelaine), une épinette décorée d'insignes révolutionnaires, une pendule astronomique et un buste de Montesquieu (salon de Compagnie). Les expositions temporaires, organisées dans l'ancienne prison à l'arrière de l'hôtel, mettent l'accent sur le design. À la fin de la visite, on apprécie le petit café-restaurant, surtout en été avec la terrasse dans la cour pavée. (05 56 10 14 00 ; www.madd-bordeaux.fr ; 39 rue Bouffard ; tarif plein/réduit 5/3 €, gratuit -18 ans et 1er dim du mois sept-juin ; tlj sf mar et jours fériés 11h-18h ; B Gambetta-MADD)

Musée d'Aquitaine MUSÉE

69 PLAN D8

Ce musée vous en apprendra plus sur Bordeaux et sa région que n'importe quel livre d'histoire. Ses nombreuses salles thématiques retracent le passé de la ville, de la préhistoire à nos jours. Plusieurs pièces archéologiques évoquent l'antique Burdigala. Le Moyen Âge, marqué par la domination anglaise de 1154 à 1453, est largement illustré à l'aide de sculptures, de chapiteaux romans et de sarcophages, tandis que des meubles et céramiques témoignent de l'âge d'or bordelais, le XVIIIe siècle. Des espaces sont consacrés à l'esclavage et au commerce triangulaire. La section dévolue au vignoble constitue une excellente introduction pour les néophytes. Les salles ethnographiques ont pour sujet les traditions régionales, ainsi que les sociétés d'Océanie et d'Afrique. Des expositions temporaires sont régulièrement organisées. (05 56 01 51 00 ; www.musee-aquitaine-bordeaux.fr ; 20 cours Pasteur ; tarif plein/réduit 5/3 €, gratuit -18 ans, 1er dim du mois sept-juin et avec le City Pass ; tlj sf lun et jours fériés 11h-18h ; B Musée-d'Aquitaine)

Espace 29 ESPACE ARTISTIQUE

70 PLAN A6

Véritable plaque tournante de la création contemporaine, l'Espace 29 organise de nombreuses expositions, propose des résidences d'artistes et réserve son étage à des ateliers privés. (05 56 51 18 09 ; www.espace29.com ; 29 rue Fernand -Marin ; gratuit ; lun-ven 11h-18h, sam-dim 15h-20h pendant les expos ; A Mériadeck)

Se restaurer

Les Mots bleus CAFÉ-LIBRAIRIE €

71 PLAN C7

Servis avec une salade de crudités, croques, cakes et lasagnes du jour aux légumes vous attendent au déjeuner dans cet espace tout en longueur. Bons desserts également au programme (le fondant au chocolat tient ses promesses). Quant à la sélection de livres – nous sommes aussi dans une librairie –, elle donne envie de prolonger la pause l'après-midi. Fait aussi à emporter. (09 83 07 97 27 ; 3 place Jean-Moulin ; plats 10-11 € ; lun-sam 10h-19h ; A ou B Hôtel-de-Ville)

Edmond Pure Burger BURGERS €

72 PLAN D9

L'un des meilleurs burgers de la ville ! Les pains sont faits maison, tout comme le ketchup, et il y a même un burger végétarien. En accompagnement : frites persillades ou nappées de fromages (*cheesy fries*), salade ou coleslaw. (05 56 77 59 45 ; www.edmond-burger.fr ; 158 cours Victor-Hugo ; burgers 8.50-10,50 € ; lun-ven 11h30-14h30 et 18h30-22h30, sam 11h30-15h et 18h30-23h, dim 11h30-22h30 ; B Musée d'Aquitaine)

Zinzin CANTINE DU MIDI €

73 PLAN D6

Cette adresse un tantinet cachée est tout indiquée pour un déjeuner convivial, d'un bon rapport qualité/prix. Entrées et desserts sont présentés en buffet maison ; servis à part, les plats varient selon l'humeur du jour. *English breakfast* le dimanche matin, dès 10h30. (05 56 79 18 21 ; zinzin.business.site ; 7 place Saint-Christoly ; formules 13,50-16 €, brunch 18 € ; lun-sam 8h-17h ; A ou B Hôtel -de -Ville)

Sauvages Café BRUNCH €€

74 PLAN C8

Après celle des Chartrons (p. 117), les experts du brunch bordelais, les Sauvages, ont ouvert cette seconde adresse où l'on retrouve ambiance détendue et carte alléchante. Régalez-vous de pancakes au chocolat, de brioche perdue ou d'un bon burger, accompagnés d'une délicieuse citronnade ou d'un jus du moment. Pensez à réserver. (05 57 83 35 92 ; 7 rue des Frères-Bonie ; plats 8-13,50 € lun-ven 11h-16h ; brunch

Carrot cake et *chai latte* chez Horace (p. 70)

tlj 15-25 €, lun-ven 11h-16h, sam-dim 11h-17h ; A ou B Hôtel de Ville)

Horace

CAFÉ-RESTAURANT **€€**

75 PLAN C6

Avant de prendre place à l'une des tables en bois de ce chaleureux café, découvrez les propositions appétissantes du jour sur l'ardoise, comme la mousseline de lentilles et champignons, le cabillaud façon teriyaki ou le croque maison. Vous pouvez aussi tout simplement céder aux gâteaux qui vous font de l'œil sur le présentoir : le *carrot cake* est épatant. Brunch copieux le dimanche. On reviendra ! (05 56 90 01 93 ; 40 rue Poquelin-Molière ; plats 12-14 €, brunch 24 € ; lun-sam 8h30-18h30, dim 9h30-14h30 ; B Gambetta-MADD)

La salle de Bo-tannique

CORALIE MODSCHIEDLER ©

Møna

SALON DE THÉ **€€**

76 PLAN C6

Cette adresse à la déco scandinave accroche l'œil avec ses gros gâteaux en vitrine, prêts à être coupés. Du petit-déjeuner au goûter, pancakes, croque-monsieur, quiches et autres petits plats merveilleusement préparés assurent une partition gourmande à la journée. Brunch le week-end. (05 57 83 61 69 ; 20 rue de la Vieille -Tour ; plats 8-14 €, brunch 25 € ; mar-sam 10h30-18h, dim 10h30-15h30 ; B Gambetta-madd)

Orta

BIO ET VEGGIE **€€**

77 PLAN D8

Cette nouvelle adresse fait la part belle aux produits responsables et locaux. Découvrez des plats savoureux cuisinés avec amour dans un décor propice à la détente. Options végans et végétariennes (mention spéciale pour le risotto de petit épeautre), mais pas que. Les carnivores y trouveront aussi leur bonheur avec les pièces du boucher, le foie gras poêlé ou encore la ballottine de volaille. Une belle découverte ! (09 83 62 20 62 ; www.ortabordeaux.shop ; 3*bis* rue du Hâ ; plats midi 13-15 €, plats soir à partager 7-13 € ; lun-sam 12h-14h et 19h-22h, dim 12h-14h ; A Hôtel-de-Ville ou B Musée-d'Aquitaine)

Bo-tannique

CUISINE RAFFINÉE **€€€**

78 PLAN E7

Une nouvelle adresse incontournable qui vous séduira

avec ses plats inventifs, raffinés et tellement savoureux. Belle présentation, accueil chaleureux et cuisine d'exception à des prix abordables. Bref, un sans-faute ! (05 56 81 34 92 ; www.bo-tannique.com ; 2 rue Tustal ; plats 24-30 €, formules midi 21-24 €, menu 39 € ; mar-sam 12h-14h30 et 19h-22h30 ; A Sainte-Catherine)

Lauza

FINE CUISINE DE MARCHÉ **€€€**

79 PLAN D8

L'une des adresses du moment. Avec leur cuisine de saison inspirée des produits locaux et leurs assiettes à la présentation soignée, les jeunes chefs à la barre du Lauza ont leurs aficionados. (05 56 52 76 59 ; www.lauza.fr ; 5 rue du Hâ ; formules midi 18-23 €, menus soir 48-55 €, plats 18-34 € ; mar-ven 12h-14h et 19h30-23h, sam 19h30-23h ; A Hôtel-de-Ville ou B Musée-d'Aquitaine)

Racines

BISTRONOMIQUE **€€€**

HORS PLAN A6

Ancien de chez Ducasse, le chef écossais Daniel Gallacher a vite conquis le public bordelais grâce à une cuisine de haute volée qui sait rester abordable et accessible, à l'image de son restaurant à taille humaine : une trentaine de couverts, pas plus. Les assiettes sont belles comme des tableaux de maître ! Pensez à réserver. (05 56 98 43 08 ; 59 rue Georges-Bonnac ; menus midi 28-32 €, soir 38-58 € ; mar-sam 12h-13h30 et 19h30-21h30 ; A Mériadeck)

La borne du kilomètre 0

Aujourd'hui plutôt discrète, cette borne marquait au XIXe siècle le centre de la ville à partir duquel étaient calculées les distances – aujourd'hui, les mairies et hôtels de ville sont les points de référence. La façade de l'immeuble sur lequel elle s'appuie et la borne sont classées monuments historiques. (10 place Gambetta)

Prendre un verre

Le Dijeaux

BAR-BRASSERIE

80 PLAN C6

La grande terrasse au pied de la porte Dijeaux invite à une petite pause café ou apéro après le shopping. L'adresse tire aussi profit de la nouvelle place Gambetta – désormais un agréable espace aéré et piétonnier –, qui a rouvert au public en 2021 après trois ans de travaux. *Happy hour* 17h-19h. (05 56 79 21 49 ; 14 place Gambetta ; tlj 8h-1h ; B Gambetta-MADD)

Le Café Français

CAFÉ-BRASSERIE

81 PLAN C7

Sa terrasse se niche entre le palais Rohan et la cathédrale Saint-André : sans surprise, la vue est magnifique ! À l'intérieur, le décor de brasserie traditionnelle compose un cadre

Des pubs "so british"

Est-ce un héritage de la présence prolongée des Anglais en Aquitaine par le passé ? Bordeaux compte plus d'une douzaine de pubs, répartis dans toute la ville. Voici les incontournables du quartier :

- **Dick Turpin's** (85 Plan D7 ; 05 56 48 07 52 ; 72 rue du Loup ; lun 18h-minuit, mar-sam 16h-2h, dim 18h-minuit ; A ou B Hôtel-de-Ville). Convivial et authentique, ce pub fait la joie des étudiants, étrangers notamment, qui aiment se donner rendez-vous autour d'une pinte ou d'un irish-coffee. Ambiance paisible en journée, bruyante le soir. On y est alors un peu plus à l'étroit, mais c'est pour ça qu'on l'aime ! Petite terrasse en été.

- **The Connemara Irish Pub** (86 Plan B7 ; 05 56 52 82 57 ; www.connemara-pub.com ; 18 cours d'Albret ; lun 17h-2h, mar-sam 12h-2h, dim 15h-minuit ; A Mériadeck). Les anglophones bordelais se retrouvent ici pour manger ou boire un verre. Large choix de bières internationales. The Connemara est doté de six salles, d'écrans géants et d'un billard. Concerts de musique irlandaise certains soirs.

- **The Cock and Bull** (87 Plan D8 ; 05 56 81 64 72 ; 23 rue Duffour-Dubergier ; tlj 15h-2h ; A ou B Hôtel-de-Ville). Derrière une façade bleue, deux salles aux plafonds tapissés de drapeaux de clubs. Les matchs de foot et de rugby sont retransmis sur grand écran et des quiz sont organisés régulièrement.

- **The Blarney Stone** (88 Plan E9 ; 05 56 31 87 20 ; 144 cours Victor-Hugo ; lun-ven 16h-1h30, sam 15h-1h30, dim 15h-minuit ; B Musée-d'Aquitaine). Au Blarney, on se sent comme à la maison. On enchaîne les pintes et les cheeseburgers, entre une partie de fléchettes ou un peu de lecture, bien calé sur un petit banc en bois.

chaleureux. (05 56 52 96 69 ; www.le-cafe-francais.com ; 5 place Pey-Berland ; tlj 8h-1h ; A ou B Hôtel -de -Ville)

Black List

CAFÉ-COFFEE SHOP

82 PLAN D8

Jus de fruits bio, cappuccinos au lait d'amande ou au lait cru, cafés grands crus, thés bio et pâtisseries. Ce lieu calme et agréable est idéal pour une pause. Et pour le midi, sandwichs variés. Brunch quotidien. (05 56 81 56 76 ; 27 place Pey-Berland ; lun-ven 8h-18h, sam-dim 9h30-16h ; A ou B Hôtel -de -Ville)

Magnus

PUB SCANDINAVE

83 PLAN D7

C'est à deux pas de la place Pey-Berland que le premier pub

scandinave bordelais a ouvert ses portes. Au programme : une bonne sélection de bières blondes, blanches et noires, mais aussi de l'aquavit, du cidre, des cocktails et des plats scandinaves. Sans compter les matchs de foot retransmis en direct, les soirées quiz et les concerts, etc. *Happy hour* 17h-20h. À noter une seconde adresse : Minus, 72 cours Victor-Hugo. (09 81 18 69 55 ; 32 rue de Cheverus ; dim-ven 16h-23h, sam 13h-23h ; A ou B Hôtel-de-Ville)

Mama Shelter ROOFTOP

84 PLAN D6

L'adresse est tendance – à l'image de l'hôtel signé Starck –, en particulier le *rooftop*. À la belle saison, on profite en journée de la vue panoramique qu'il réserve, de son cadre cosy et coloré, et de ses pizzas ! Pour prolonger la soirée, direction le bar intérieur, où des DJ sets sont régulièrement programmés. (05 57 30 45 45 ; www.mamashelter.com ; 19 rue Poquelin-Molière ; tlj 17h-22h ; B Gambetta-MADD)

Sortir

Théâtre Fémina SPECTACLE VIVANT

89 PLAN D6

À l'origine, en 1921, le Fémina était une salle de spectacle et de théâtre. Puis, au début des années 1940, elle devint l'un des grands cinémas de Bordeaux. Ce lieu à la décoration magnifique, où se mêlent les styles Art nouveau et Louis XVI, a recouvré sa fonction première dans les années 1970. Il est désormais dédié à la danse, aux concerts, à l'opérette et au théâtre. (05 33 49 13 00 ; www.theatrefemina.com ; 10 rue de Grassi ; B Grand-Théâtre)

Le Fiacre BAR ET CONCERTS

90 PLAN D7

Le Fiacre est *la* place rock historique de Bordeaux, et on ne compte plus les groupes qui s'y sont produits au cours des dernières décennies. Ce lieu emblématique existe sous ce nom depuis 1870. Son immeuble est classé au titre des monuments historiques. (09 51 53 12 77 ; facebook.com/fiacrebordeaux ; 42 rue de Cheverus ; lun-sam 7h30-2h ; A ou B Hôtel-de-Ville)

La terrasse du Café Français (p. 71)

STÉPHANIE SINIER ©

Shopping

La Toque cuivrée

CANNELÉS

91 PLAN D6

Cette enseigne de cannelés fait figure de trouble-fêtes en jouant la carte du rapport qualité/prix. Bien moins chers que ceux de son concurrent Baillardran, et pour certains tout aussi bons... On vous laisse prendre part au débat ! (05 56 01 08 08 ; www.la-toque-cuivree.fr ; 69 rue de la Porte-Dijeaux ; tlj 8h-20h ; B Gambetta-MADD)

Baillardran

CANNELÉS

92 PLAN C6

On ne compte plus les boutiques Baillardran reconnaissables à leur décor rouge vermillon. Celle-ci, près de la porte Dijeaux, dispose d'un coin café. (05 56 51 02 09 ; www.baillardran.com ; 111 rue de la Porte-Dijeaux ; lun-sam 8h-20h, dim 9h-19h30 ; B Gambetta-MADD)

La glycine de la rue du Loup

Au printemps, si vous passez devant le porche des anciennes archives municipales, vous pourrez l'admirer en pleine floraison, attiré par son parfum. Une photo de 1894 la montre à un stade déjà bien développé, ce qui ne la rajeunit pas. Attaquée par les termites pendant un temps, elle fait aujourd'hui l'objet de soins réguliers. Sa vitalité viendrait en partie du sol marécageux de Bordeaux. (71 rue du Loup ; B Gambetta- MADD)

Librairie Mollat

INSTITUTION

93 PLAN C6

Installée à Bordeaux depuis 1896, la première librairie indépendante de France possède un fonds étourdissant. On y passe volontiers de longs moments à parcourir les quatrièmes de couverture. Riche programme de rencontres, organisées pour la plupart à la station Ausone, au 8 rue de la Vieille-Tour. (05 56 56 40 40 ; www.mollat.com ; 15 rue Vital-Carles ; lun-sam 10h-20h, dim 14h-19h ; B Gambetta-MADD)

Hasnaâ Chocolats

GRANDS CRUS

94 PLAN C6

La belle aventure se poursuit pour Hasnaâ Ferreira, auréolée de nombreuses distinctions. Chocolats, tablettes, carrés dégustation, cœurs guimauve... on craque pour ses chocolats issus de grands crus : les fèves ici proviennent de plantations premium. (05 24 61 58 03 ; www.hasnaa-chocolats.fr ; 4 rue de la Vieille-Tour ; tlj 10h-19h ; B Gambetta-MADD)

Dunes blanches

CHOUX CHANTILLY

95 PLAN C6

Avant, il fallait attendre une escapade au Cap Ferret pour les fameuses dunes blanches de la boulangerie Chez Pascal. À présent, ce petit chou fourré de chantilly, au délicieux goût de vacances, a pignon sur rue à Bordeaux dans une boutique monoproduit. Du jeudi au samedi, craquez aussi pour les "éphémères", à savoir une dune au parfum de la semaine. (☎ 09 83 97 78 78 ; dunesblanches.fr ; 7 rue de la Vieille-Tour ; 🕓 lun-jeu 10h-19h, ven-sam 9h-19h, dim 9h-13h ; 🚊 B Gambetta-MADD)

Herbes Fauves

FLEURISTE

96 PLAN D7

En entrant dans cette boutique à la jolie déco rétro, on est immédiatement transporté parmi les senteurs, les couleurs, les matières et les fleurs, tellement séduisantes, y compris les fleurs séchées. Des terrariums maison aux cache-pots, rien n'est laissé au hasard. Des ateliers floraux sont aussi organisés. (☎ 05 56 52 86 85 ; www.herbesfauves.com ; 36 rue de Cheverus ; ateliers 45 € ; 🕓 mar-sam 10h30-19h ; 🚊 A ou B Hôtel-de-Ville)

DODA

BOUTIQUE DESIGN ET GALERIE

97 PLAN A5

Mobilier, luminaires, objets de déco... Les amateurs de design des années 1950-1960 seront conquis par la belle sélection de cette boutique-galerie, où l'art contemporain a aussi sa place à l'occasion d'expositions régulières. (☎ 05 56 12 32 79 ; www.galerie-doda.fr ; 72 rue Judaïque ; 🕓 mar-sam 11h-13h et 14h-19h30 ; 🚊 A Mériadeck, B Gambetta-MADD)

Perlin Paon Paon (p. 76)

Perlin Paon Paon
CONCEPT STORE POUR ENFANTS

98 PLAN C6

Voilà une adresse où les jeunes parents se font sacrément plaisir. Décorer, jouer, s'habiller, se reposer... Ce concept store pour enfants se revendique poétique et ludique, et présente les marques les plus tendance. (05 56 69 14 37 ; www.perlinpaonpaon.com ; 45 rue des Remparts ; lun 14h-18h, mar-ven 10h30-13h30 et 14h30-19h, sam 10h30-19h ; B Gambetta-MADD)

Aurélie Joliff
BIJOUX

99 PLAN C6

La créatrice de bijoux Aurélie Joliff puise son inspiration dans ses voyages, l'architecture et le design. Dans sa boutique-atelier à l'image de son univers, romantique et Art nouveau, les pierres se taillent la part belle au milieu de créations élégantes et épurées. (05 56 38 49 27 ; www.aureliejoliff.com ; 38 rue des Remparts ; lun-sam 11h-19h ; B Gambetta-MADD)

Les Sisterettes
MODE FEMME

100 PLAN C7

On vous met au défi de sortir de la boutique sans avoir craqué pour un vêtement ou un accessoire. Ici, la mode se fait abordable avec ses prix doux et sa sélection dans l'air du temps. (09 81 95 63 23 ; www.lessisterettes.fr ; 60 rue des Remparts ; lun 12h-19h, mar-sam 10h-19h ; B Gambetta-MADD)

Le tribunal de grande instance

Tout près de l'École nationale de la magistrature, haute institution bordelaise, cette curiosité architecturale, qui alimente régulièrement la chronique de ses déboires, vaut le coup d'œil : conçu par le Britannique Richard Rogers, le "nouveau" tribunal de grande instance attire le regard, avec son jeu de transparence et ses sept salles d'audience en alignement, à la forme arrondie. Pour certains, il évoque des ruches, pour d'autres des verres de vin renversés ou des coques en bois. À voir ! (30 rue des Frères-Bonie).

Freep'Show Vintage
FRIPERIE

101 PLAN D7

Si vous avez l'esprit vintage et que vous aimez farfouiller, pour un total look ou une simple touche décalée, ces vêtements et accessoires n'attendent que vous. (07 82 59 36 84 ; 80 rue du Loup ; mer-sam 11h-19h ; A ou B Hôtel-de-Ville)

Viandas de Salamanca
JAMBON IBÉRIQUE

102 PLAN D7

Amateurs de charcuterie espagnole, voici la boutique rêvée pour composer vos paniers pique-nique ou plateaux apéro : jambon bellota, chorizo, lomo, saucisson de bellota et autres spécialités de la région de Salamanque sont vendus à la découpe, sous vide. Et pour les plus pressés : sandwich ibérique ou cornet ! (05 57 99 15 41 ; 37 rue des Trois-Conils ; lun-sam 10h30-19h30, dim 10h30-14h ; A ou B Hôtel-de-Ville)

L'École Buissonnière JOUETS TRADITIONNELS

103 PLAN C7

Si vous cherchez des jeux en bois ou des peluches, dirigez vos pas vers cette institution, une mine de jouets traditionnels. (05 56 79 12 86 ; www.lesjouetslibres.com ; 74 rue des Trois-Conils ; lun 14h-19h, mar-sam 10h-19h ; A ou B Hôtel-de-Ville)

Sports et activités

Patinoire de Mériadeck GLISSE

HORS PLAN A8

Envie de glisse ? Direction la patinoire de Mériadeck et sa piste olympique, ouvertes à tous. Pour les fêtes de fin d'année, un tarif réduit est mis en place. (05 57 81 43 81 ; www.axelvega.com/patinoire ; 95 cours du Maréchal-Juin ; entrée + location des patins tarif plein/réduit 8,20/6,60 €, gratuit - 5 ans ; selon spectacle et période, consultez le site Internet ; A Hôtel-de-Police)

Bowling de Mériadeck SALLE DE JEUX

HORS PLAN A8

Une bonne idée pour terminer une soirée entre amis ou passer un après-midi en famille. Ce bowling compte 16 pistes, mais aussi des billards et divers jeux. (05 56 93 05 85 ; www.axelvega.com/bowling ; Terrasse Front du Médoc ; tarif plein/réduit 4,60-7,20/4-6,70 € selon période ; selon période, consultez le site Internet ; A Saint-Bruno-Hôtel-de-Région)

Stade Chaban-Delmas RUGBY

HORS PLAN A8

C'est *le* terrain de jeu de l'équipe de rugby de l'Union Bordeaux-Bègles (UBB). Les matchs attirent de nombreux spectateurs. (05 57 26 98 37 billetterie ; www.ubbrugby.com ; place Johnston ; A Stade Chaban-Delmas)

TAMATEBAKO

Explorer

Le quartier de la Grosse Cloche

Délimité au nord par le cours Alsace-Lorraine et au sud par le cours Victor-Hugo, ce quartier est l'un des plus attachants du vieux Bordeaux. À l'écart des foules de la rue Sainte-Catherine, cafés bohèmes et lieux alternatifs s'épanouissent sur de jolies places et dans des ruelles pavées bordées de demeures Renaissance, auxquelles des opérations de réhabilitation ont donné une nouvelle jeunesse.

Notre sélection

- **La Grosse Cloche (p. 82)** *L'un des plus vieux beffrois de France, dont les cloches rythment la vie bordelaise depuis le Moyen Âge.*
- **La rue Saint-James et ses commerces (p. 81)** *Une agréable voie piétonne jalonnée de boutiques et de cafés tendance.*
- **La plus vieille maison de Bordeaux (p. 81)** *Cette vénérable demeure du XIVe siècle se reconnaît à ses deux fenêtres gothiques ouvragées.*
- **Église Saint-Paul-Saint-François-Xavier (p. 82)** *Pour le magnifique lustre de l'artiste bordelais Jean-François Buisson.*

Comment y aller et circuler

Vélos en libre service aux stations V³ Grosse-Cloche, Saint-Paul.

La ligne de tramway A dessert la station Place-du-Palais, les lignes C ou D s'arrêtent à la station Porte-de-Bourgogne.

Lignes de bus 16 et Citéis 47.

La Grosse Cloche depuis la rue Saint-James CORALIE MODSCHIEDLER ©

Promenade à pied

Itinéraire Renaissance dans le quartier de la Grosse Cloche

Les étroites ruelles pavées du quartier et ses belles demeures anciennes, datant pour la plupart de la Renaissance, offrent un contraste séduisant avec l'urbanisme rectiligne du siècle des Lumières qui caractérise le secteur de l'esplanade des Quinconces.

La promenade

Départ Place Fernand-Lafargue

Arrivée Cours Victor-Hugo

Distance 800 m

Durée 15 minutes

L'ancienne place du Marché

La promenade commence **place Fernand-Lafargue** ❶, où se tenait au Moyen Âge le grand marché de la ville. Plusieurs terrasses de cafés donnent sur ce bel espace aux allures de place de village, doté d'une jolie fontaine.

La rue Saint-James

Continuez tout droit par la très branchée rue Saint-James, une agréable voie piétonne jalonnée de boutiques et de cafés ; remarquez la belle porte sculptée au n°16 et la maison Renaissance aux fenêtres à meneaux, au n°18 ❷. Un peu plus loin, au coin de la **rue Pierre-de-Coubertin**, au-dessus du porche d'une boutique en arcades, se trouve l'ancienne habitation de La Boétie. La rue mène ensuite à la fameuse **Grosse Cloche** ❸ (p. 82), dont les plus pressés pourront franchir la porte pour rejoindre le quartier Saint-Michel par le cours Victor-Hugo.

D'étroites ruelles

Pour continuer à flâner au fil des ruelles pavées du quartier, empruntez, au bout de la rue Saint-James, la **rue Teulère**, sur votre gauche ; continuez tout droit le long de la rue Renière, avant de bifurquer sur la gauche par la très jolie **rue du Puits-Descazeaux** qui, avant de déboucher sur la **place Raymond-Colom** ❹, où se dresse un superbe hôtel particulier des XVIe et XVIIe siècles, donne sur deux charmantes venelles, les **rues du Muguet et du Soleil**.

Des anciennes sécheries à la demeure de Montaigne

Une fois dans la **rue de la Rousselle**, où l'on trouvait autrefois de nombreuses sécheries de poissons, prenez sur la gauche pour contempler, aux nos 23-25, au coin de **l'impasse Fauré**, l'ancienne demeure de Montaigne ❺.

La plus vieille maison de Bordeaux

Au bout de la rue, empruntez la **rue Neuve**, sur votre gauche, jusqu'à l'**impasse de la Rue-Neuve** ❻, sur votre droite, au fond de laquelle se cachent deux joyaux architecturaux : la plus ancienne demeure de Bordeaux (XIVe siècle), au n°4, reconnaissable à ses deux baies géminées surmontées d'un quadrilobe ; et une maison du XVIe siècle à arcades et galerie, au n°5, qui appartint à Jeanne de Lartigue, l'épouse de Montesquieu.

Un coin de verdure

En ressortant de l'impasse, remontez la rue Neuve pour atteindre le **square Jean-Bureau** ❼, bordé d'hôtels du XVIe siècle. Au bout de la rue, prenez à droite la rue Renière, puis à gauche la **rue des Boucheries** pour rejoindre le **cours Victor-Hugo** ❽.

Voir

Grosse Cloche

PORTE DE VILLE

104 PLAN E9

Ce que l'on appelle la Grosse Cloche est le dernier vestige des remparts érigés au XIIIe siècle pour protéger la ville. Cet imposant monument composé de deux tours massives encadrant la fameuse cloche et surmonté d'un léopard doré fit également office de beffroi de l'hôtel de ville, autrefois situé non loin de là. La Grosse Cloche, qui ne comptait pas moins de six tours à l'époque de sa construction, s'est imposée comme l'un des symboles de la ville, au point de figurer au centre de ses armoiries (que l'on peut d'ailleurs voir sur la face nord). La cloche sonne chaque premier dimanche du mois, à midi, et à l'occasion des grandes célébrations. (05 56 00 66 00 ; angle rue Saint-James et rue de Guienne ; tarif plein/réduit 6/3,50 €, gratuit avec le CityPass ; sur réservation auprès de l'office du tourisme ; A, C ou D Porte-de-Bourgogne, B Musée-d'Aquitaine)

Église Saint-Éloi

ÉGLISE

105 PLAN E9

Simple chapelle romane au XIIe siècle, l'église Saint-Éloi fut agrandie et remaniée dans le style gothique au XIIIe siècle, et adossée au rempart construit à cette époque. Elle devint alors "Maison de la ville", ville sous domination anglaise. Son clocher (visible depuis l'étroite rue Saint-Éloi) et son abside furent édifiés entre le XIVe et le XVIe siècle. Remarquable sur le plan architectural, l'église accueille désormais les offices des catholiques traditionnalistes. (rue Saint-James ; A, C ou D Porte-de-Bourgogne, B Musée-d'Aquitaine)

Église Saint-Paul-Saint-François-Xavier

ÉGLISE

106 PLAN E8

Communément appelée Saint-Paul, cette église dominicaine de style baroque consacrée en 1676 fut édifiée sur l'emplacement d'une ancienne maison professe des jésuites. On y entre pour admirer sa richesse décorative et, surtout, le magnifique lustre de l'artiste bordelais Jean-François Buisson à la croisée du transept. Cette œuvre monumentale, qui a été réalisée en 2007, est réellement à voir. (20 rue des Ayres ; tlj 10h-12h45 et 14h30-19h30 sf dim après-midi ; A Sainte-Catherine)

Des fondations bien cachées

La **Grosse Cloche**, ou porte Saint-Éloi, était à la fois une porte défensive et le beffroi de l'ancien hôtel de ville. Ce beffroi disposait de six tours. La base de l'une d'elles est toujours visible au fond du magasin de bricolage à l'angle du cours Victor-Hugo.

Se restaurer

Kokomo Cantine

BURGERS €

107 PLAN E8

"Des hamburgers avec beaucoup de love", tel est le crédo de cette cantine américaine incontournable du quartier, où l'on savoure de généreux burgers avec pain bio, steak de bœuf maturé (la viande – d'exception – vient des plateaux de l'Aubrac) et cheddar affiné. À accompagner de frites croustillantes, de citronnade maison et d'un délicieux brownie ! Tout est frais, tout est fait maison. (05 57 30 28 85 ; www.kokomoburgers.com ; 9 place Fernand-Lafargue ; burgers 9-12 € ; tlj 12h-23h ; A Sainte-Catherine)

Café Kokomo

COFFEE-SHOP CALIFORNIEN €

108 PLAN F8

Cette annexe de Kokomo Cantine séduit avec ses brunchs à la mode californienne servis tous les jours jusqu'à 16 heures. Si les pancakes et les toasts sont un vrai régal (le *grilled cheese*, avec poulet, cheddar et oignons confits, est un savoureux mariage de saveurs), on y vient aussi pour un simple café ou un jus pressé, dans une déco vintage aux couleurs acidulées. (05 57 34 48 69 ; www.diningroomfamily.com/cafekokomo ; 14 rue Ravez ; plats 12 €, formule brunch 19 € ; tlj 10h-18h ; A Sainte-Catherine)

Le Santosha

Santosha

ASIATIQUE €

109 PLAN E8

L'adresse a depuis essaimé ailleurs en France, notamment à Angers et à Lyon, tant elle a rencontré son public avec ses saveurs de l'Asie du Sud-Est, son ambiance de fast-food revisité et sa déco vitaminée. Le *pad thaï*, délicieux, est réalisé dans les règles de l'art. La carte, sur laquelle les mets relevés sont signalés, propose un *bon-hè* (légumes, riz blanc, tofu) pour les végétariens. (05 56 44 76 56 ; santosha.cool/santosha-bordeaux ; 2 place Fernand-Lafargue ; plats 10-12 € ; tlj 11h45-15h30 et 18h45-22h30 ; A Sainte-Catherine)

The Breakfast Club
BRITANNIQUE €

110 PLAN E8

Petit-déjeuner à l'anglaise, sandwichs BLT, œufs Bénédicte et petits délices pour l'heure du thé (*crumpets*, scones, *carrot cake*), bienvenue en Angleterre ! Le week-end, place au brunch. (09 80 48 48 19 ; cargocollective.com/thebreakfastclub ; 27 rue des Ayres ; formules 8-12 €, brunch 17 € ; mar-sam 10h-18h, dim 10h-17h ; A Sainte-Catherine)

Padang Padang
ASIATIQUE €

111 PLAN E8

Un lieu agréable, qui ne brusque pas le porte-monnaie. Aux beaux jours, installez-vous sur la terrasse pour déguster au calme un *bo bun* parfumé ou un savoureux curry vert de poulet, accompagnés d'une Bintang (la célèbre bière indonésienne). (09 54 13 21 34 ; www.padang-padang.com ; 37 rue Sainte-Colombe ; plats 10-15 € ; tlj 12h-23h ; A Place-du-Palais)

Roze
PÂTISSERIES & BRUNCH €€

112 PLAN G8

Les stars ici, ce sont les pâtisseries d'exception et le "Bun Pink" : un délicieux burger composé d'un pain à la betterave (d'où sa jolie couleur rose) garni au choix d'une burrata crémeuse, de poulet frit ou d'un œuf mollet avec de l'avocat, en plus de petits légumes grillés et d'une mayo maison au café. Cette nouvelle adresse colorée, bien placée sur les quais, ne désemplit pas. Formule brunch disponible du mercredi au dimanche jusqu'à 14h. Pensez à réserver. (réservations en ligne uniquement ; www.rozebordeaux.com ; 45 quai Richelieu ; plats 7-15 €, brunch 21 € ; mer-dim 11h-18h ; A, C et D Porte-de-Bourgogne)

Le Café des Arts
BRASSERIE €€

113 PLAN E9

Cette brasserie située près du lycée Montaigne semble tout droit sortie des années 1950, avec ses banquettes en Skaï rouge, son grand bar et ses fauteuils en osier. Depuis des décennies, on vient y déguster des plats simples : œufs cocotte, grenier médocain (panse de porc), pièce de bœuf sauce béarnaise... Grande terrasse sur

Bun Pink chez Roze

le cours Victor-Hugo. (05 56 91 78 46 ; www.lecafedesarts.fr ; 138 cours Victor-Hugo ; plats 14-23 €, formules midi lun-ven 12-17 € ; lun-mer 8h-minuit, jeu-sam 8h-1h, dim 9h-minuit ; B Musée-d'Aquitaine)

Nomad

MÉDITERRANÉEN €€

114 PLAN F8

Laissez-vous séduire par les saveurs italiennes, grecques et moyen-orientales qui donnent le ton à une cuisine gourmande. Poulpe rôti, moussaka, houmous et effiloché de bœuf... tout est exquis ! Les cocktails aussi. La belle déco aux doux accents du sud, l'agréable terrasse pour les beaux jours et l'accueil chaleureux viennent compléter cet agréable tableau. (05 57 14 97 83 ; www.nomad-restaurant.fr ; 43 rue Sainte-Colombe ; plats 17-21 € ; mer 19h-22h, jeu-sam 12h-14h et 19h-22h, dim 12h-22h ; A Place-du-Palais)

Le 17.45

APÉRITIF DINATOIRE €€

115 PLAN E8

À partir de 17h45, à chacun de composer sa planche apéro. Pour cela, il convient de choisir parmi un large éventail de fromages et charcuteries de qualité (avec en accompagnement des crudités bienvenues). À déguster avec un verre de vin (on est à Bordeaux !). *Happy hour* 17h45-20h. (05 56 38 13 55 ; www.le17-45.fr ; 21 rue Saint-James ; planches à partir de 15 € ; lun-jeudi 17h45-minuit, ven-sam 17h45-1h ; A Sainte-Catherine)

Hush Hush

BISTROT, BAR À TAPAS €€

116 PLAN F8

L'emplacement – une jolie placette arborée – est bien connu des amateurs de terrasse. Il accueille à présent ce Hush Hush qui, le midi, joue la carte bistrot français (à l'ardoise, pot-au-feu, tartare au couteau, brandade de lieu noir et chorizo...) et le soir pointe le regard vers d'autres horizons, avec des plats à partager. Beau cadre intérieur. (05 56 44 96 20 ; mangerboiredanser.com ; 30 rue Sainte-Colombe ; plats 16-23 €, formule midi lun-ven 15-18 € ; mar-sam 12h-1h, dim-lun 17h-minuit ; A Place-du-Palais)

Arcada

CUISINE DU MARCHÉ €€€

117 PLAN E9

Une adresse à suivre pour sa fine cuisine de saison, tendance bistronomique, ainsi que ses cocktails maison préparés dans de jolis flacons, derrière le grand comptoir en bois. (05 56 23 08 61 ; www.arcada-restaurant.fr ; 13 rue de la Rousselle ; formules midi 20-25 €, plats 16 €, formules soir 35-43 €, plats 29 € ; mar-sam 10h-minuit ; A Place-du-Palais, C et D Porte-de-Bourgogne)

Prendre un verre

Books & Coffee

CAFÉ

118 PLAN E8

Ici, en feuilletant les quelques livres mis à disposition, on boit un thé ou un jus de fruits, ou encore

La terrasse du Saint-Christophe

un café aux arômes étonnants (qui est torréfié sur place). Et pour les petites (et grosses) faims, lunch et brunch sont au programme… On se sent chez soi. (05 56 81 47 41 ; www.booksandcoffee.fr ; 26 rue Saint-James ; lun-sam 8h-21h30, dim 10h30-21h30 ; A Sainte-Catherine)

L'Apollo

BAR

119 PLAN E8

En journée, l'Apollo est un endroit plutôt calme où l'on vient prendre un café au comptoir. Il s'anime quand vient l'heure de l'apéro sur la terrasse donnant sur la place Fernand-Lafargue. En soirée, l'ambiance monte encore d'un cran avec les concerts soul et funk qui sont organisés régulièrement. (05 56 01 25 05 ; 19 place Fernand-Lafargue ; lun-sam 11h30-2h ; A Sainte-Catherine)

Le Saint-Christophe

BAR

120 PLAN E8

Un bar de quartier, qui existe depuis 1930, comme on aimerait en voir plus souvent. On vient y prendre un café, lire le journal ou bavarder avec des inconnus, assis à d'autres tables. Il fait aussi brasserie. Aux beaux jours, la petite terrasse est tout à fait agréable. (05 56 44 52 08 ; 3 rue Saint-James ; lun-sam 9h-23h ; A Sainte-Catherine)

Sortir

La Vie Moderne BAR

121 PLAN E8

Un vieux juke-box, des tubes des années 1980 et une déco à la fois kitsch et vintage. La Vie Moderne est *le* lieu branché du quartier. Selon l'humeur, goûtez à l'ambiance *fifties* à l'étage, décoré de vieilles affiches de cinéma ; ou mêlez-vous à la foule autour du bar du rez-de-chaussée. (06 07 52 58 07 ; 72 cours d'Alsace-et-Lorraine ; tlj 18h-2h ; A Place-du-Palais ou Sainte-Catherine)

L'Athénée Libertaire CONCERTS ET EXPOS

122 PLAN F8

Cet espace associatif et militant anarchiste, qui existe depuis les années 1960, est niché en plein cœur des venelles du vieux Bordeaux. Des expositions et des concerts y sont régulièrement organisés. On trouve également une librairie sur place. (05 56 81 01 91 ; www.atheneelibertaire.net ; 7 rue du Muguet ; librairie mer et sam 15h-19h et selon événements ; A Place-du-Palais)

Théâtre des Salinières COMÉDIE

123 PLAN F8

Ce théâtre non subventionné affiche un dynamisme réjouissant. De nouvelles pièces y sont données chaque mois, avec un répertoire résolument tourné vers la comédie. (05 56 48 86 86 ; www.theatre-des-salinieres.com ; 4 rue Buhan ; A Place-du-Palais)

Shopping

L'Ascenseur Végétal LIBRAIRIE-GALERIE D'ART

124 PLAN F8

N'hésitez pas à pousser la porte de cette librairie spécialisée dans les ouvrages de photos pour les nombreux livres d'éditeurs indépendants ou d'artistes autoédités, et les expos photo régulièrement présentées. (06 86 68 23 70 ; www.ascenseurvegetal.com ;

STÉPHANIE SINIER ©

Au Bonendroi (p. 89)

20 rue Bouquière ; mar-sam 11h-19h ; A Place-du-Palais)

Japan Market ÉPICERIE ASIATIQUE

125 PLAN E8

Dans cette épicerie 100% insolite, véritable temple kawaï, on trouve des Kit Kat au matcha, des Pocky cookie & cream (les Mikado version Japon), bref un vaste choix de friandises, snacks mais aussi assaisonnements et ingrédients pour préparer de bonnes petites recettes, sans oublier tous les ustensiles de cuisine indispensables. (05 56 96 31 92 ; www.japanmarket.fr ; 27 rue Saint-James ; mar-sam 10h-13h et 14h-18h ; A Sainte-Catherine)

La Recharge ÉPICERIE VRAC

126 PLAN E8

Une épicerie sans emballages jetables et qui privilégie les produits locaux : La Recharge a été la première du genre à ouvrir à Bordeaux. Ajoutez à cela du bon pain au levain, des fruits et légumes de saison et une sélection de fromages, et vous obtenez une bonne adresse pour préparer un pique-nique sur les bords de Garonne. (www.la-recharge.fr ; 38 rue Sainte-Colombe ; lun 15h-19h30, mar-sam 10h-19h30 ; A Sainte-Catherine)

Docks Caviar FRIPERIE

127 PLAN E8

Docks Caviar a depuis longtemps fait ses preuves dans le vintage

La Recharge

eighties. Dans ce petit paradis de la fripe, on trouve uniquement des marques américaines (jeans, chemises à carreaux, sweats, salopettes, parkas et robes). (05 56 91 69 56 ; dockscaviarvintage.com ; 18 rue Ravez ; lun-mar 11h-19h, mer-sam 11h-19h30 ; A Sainte-Catherine)

La Lainerie MERCERIE-LOISIRS CRÉATIFS

128 PLAN E8

De la laine, des rubans et des boutons en pagaille dans cette mercerie. Bien qu'ouverte en 1936, il y règne un bel esprit contemporain, dans la vogue du DIY (tissus, macramés, etc.).

Ne serait-ce que pour le plaisir des yeux, poussez la porte de ce monde coloré, l'inspiration pourrait bien vous venir. (05 56 81 43 92 ; 22 rue des Ayres ; mar-sam 10h30-19h ; A Sainte-Catherine)

Apache

BIJOUX

129 PLAN E8

Des bijoux d'inspiration amérindienne réalisés avec beaucoup de goût et délicatesse, et présentés dans une jolie boutique-atelier. On aime, et on ne s'en lasse pas. (09 81 72 65 39 ; www.apachecreation.com ; 47 rue Saint-James ; lun-sam 11h-19h ; A Sainte-Catherine)

Bonendroi

OBJETS EN TOUT GENRE

130 PLAN E8

De l'objet futile au plus utile, c'est l'endroit idéal pour dénicher des idées cadeaux. Tout en longueur, la boutique voit se succéder divers univers : cuisine, arts de la table, jolie papeterie, jouets et autres accessoires. (05 56 23 32 12 ; www.bonendroi.com ; 19 rue Saint-James ; mar-sam 10h-19h, dim-lun 13h-19h ; A Sainte-Catherine)

N'a qu'1 œil

ÉDITION

131 PLAN F8

Depuis 1996, cette association mène son petit bonhomme de chemin. Elle publie et vend ici des livres-objets, des ouvrages d'artistes, des titres uniques et ludiques. Des manifestations et divers ateliers autour du livre sont régulièrement organisés. (05 56 51 19 77 ; www.naqu1oeil.com ; 19 rue Bouquière ; mar-sam 14h-19h ; A Place-du-Palais)

L'Amirale Bière

CAVE À BIÈRES

132 PLAN E8

Une sélection de 250 bières du monde entier, en bouteilles ou canettes, et de bons conseils : ici, vous trouverez forcément la bière qui vous ressemble. (09 83 87 46 00 ; www.lamiralebiere.fr ; 5 rue Saint-James ; lun-ven 15h-19h, sam 11h-19h ; A Sainte-Catherine)

Richy's

MODE

133 PLAN E8

Aux marques historiques (Wrangler, Doc Martens, sacs US, Vans), cette boutique a, au fil des ans, élargi sa palette rock londonien pour composer une mode tendance. La sélection est parfaite. Pour hommes et femmes. (05 56 52 33 81 ; 75-77 rue du Pas-Saint-Georges ; lun 14h-19h, mar-sam 10h30-19h ; A Sainte-Catherine)

Explorer

Saint-Michel et Sainte-Croix

Moins touristique que le reste du centre-ville, "Saint-Mich'" est un quartier charmant, en pleine mutation. Son atmosphère séduisante tient à un mélange d'histoire ancienne – encore palpable lorsque l'on parcourt les venelles pavées descendant vers les quais – et contemporaine – celle des immigrés qui se sont établis ici au fil des décennies. Il faut venir s'y balader le samedi matin, jour de marché.

Notre sélection

- ***La basilique Saint-Michel (p. 94)*** *Un majestueux édifice de style gothique flamboyant et son campanile, la flèche Saint-Michel (p. 94).*
- ***Fonds régional d'Art contemporain (p. 96)*** *Le fer de lance de l'ancien quartier des abattoirs, à la lisière du quartier Saint-Michel.*
- ***Un samedi matin au cœur du quartier (p. 93)*** *L'effervescence des ruelles animées de Saint-Michel le jour du marché.*

Comment y aller et circuler

Vélos en libre service aux stations V^3 Place-Saint-Michel, Place-du-Maucaillou, Parc-des-Sports, Conservatoire, Église-Sainte-Croix.

Les lignes de tramway C ou D desservent la station Saint-Michel ou Sainte-Croix, la ligne A s'arrête à la station Porte-de-Bourgogne.

Lignes de bus Citéis 47 (Saint-Michel), 10 et 31 (Sainte-Croix), TBNight.

Parking quai des Salinières.

Ruelle du quartier Saint-Michel CORALIE MODSCHIEDLER ©

Un samedi à Saint-Michel et Sainte-Croix

Le samedi matin, l'effervescence est à son comble dans les ruelles animées de Saint-Michel – un lieu parsemé de petites boutiques où flotte un doux mélange de passé et d'épices. En allant vers Sainte-Croix, on découvre également un quartier à la pointe de l'art, avec l'École des beaux-arts, le Conservatoire et le TnBA (p. 100).

La promenade

Départ Le marché du quartier Saint-Michel

Arrivée École des beaux-arts

Distance 700 m

Durée Aussi longtemps qu'il vous plaira

Le marché

Au cœur du quartier Saint-Michel se mêlent le charme des marchés d'autrefois et les saveurs orientales. Le samedi, la foule se presse entre le quai des Salinières ❶ et la place Saint-Michel autour des stands de boulangerie, de boucherie et de fromagers, des étals de fruits et légumes, de menthe et de coriandre, mais aussi de vêtements et d'accessoires – une bonne occasion pour flâner ! Le reste de la semaine, vous pourrez vous approvisionner en fruits et légumes, en fromage turc ou en olives en saumure dans l'une des épiceries du quartier.

Visite de la basilique Saint-Michel

Classée au patrimoine mondial de l'Unesco en 1998, la **basilique Saint-Michel** ❷ (p. 94), de style gothique flamboyant, est la plus grande église paroissiale de la ville. Mais plus que sa taille, c'est son architecture et sa superbe flèche qui en font un monument exceptionnel.

Le coin des chineurs

Aux abords de la **place Canteloup** et de la **place Meynard** ❹, quelques brocanteurs ouvrent leurs portes aux chineurs. Si beaucoup se sont installés dans le **passage Saint-Michel** ❸ (p. 101), certains, plus discrets car situés aux alentours de ce dernier, peuvent aussi renfermer quelques trésors. Le grand marché du samedi se transforme en brocante le dimanche matin. Entre bric-à-brac et antiquités, ceux qui aiment fouiller seront comblés. Et le lundi, place au marché aux vêtements, pour clore trois matinées animées.

Le thé à la menthe

Après une longue flânerie sur le marché, une pause est la bienvenue. Aux beaux jours, les terrasses autour de la **flèche Saint-Michel** ❷ (p. 94) sont prisées. Pour une fois, bousculez les habitudes et remplacez votre petit noir par un thé à la menthe. Profitez de ce moment pour lézarder au soleil devant l'agitation du samedi matin.

De Saint-Michel à Sainte-Croix

De la place Saint-Michel, prenez la rue Camille-Sauvageau. Parvenu à la rue de la Porte-de-la-Monnaie, tournez sur votre droite. Vous atteindrez vite la place Léon-Duguit, où se trouve l'ancien hôtel des Monnaies ; sur votre droite, la rue du Hamel abrite, au n° 18, un beau **cloître du XVIe siècle** ❺ (occupé par le CROUS). Revenez sur vos pas et prenez à droite la rue du Portail. Elle file en ligne droite jusqu'à la place Pierre-Renaudel, où se dresse l'**église Sainte-Croix** ❻ (p. 95). Les bâtiments de l'abbaye dont elle dépendait autrefois hébergent depuis 1887 l'École des beaux-arts.

Voir

Basilique Saint-Michel

PATRIMOINE RELIGIEUX

134 PLAN G9

Commencée au XIVe siècle, achevée près de 200 ans plus tard, cette majestueuse basilique inscrite au patrimoine mondial de l'Unesco veille sur la place Canteloup. À l'extérieur, on admire le portail surmonté d'une rose et l'ornementation de style gothique flamboyant. À l'intérieur, plusieurs éléments sont particulièrement remarquables : une statue de sainte Ursule abritant sous son manteau 11 000 vierges dans la chapelle Sainte-Catherine ; un retable finement sculpté et des panneaux d'albâtre, de tradition anglaise, dans la chapelle Saint-Joseph, désormais au complet (quatre avaient été volés) ; et, presque en face, une belle pietà du XVe siècle. Les seuls vitraux d'origine (XVIe siècle) sont ceux de la chapelle de Mons. Le carillon (22 cloches) est l'un des derniers d'Aquitaine. (05 56 94 30 50 ; www.sacrecoeurbordeaux.info ; place Meynard ; tlj 8h-12h et 13h-18h ; C ou D Saint-Michel)

Porche de l'église Sainte-Croix

Flèche Saint-Michel

PATRIMOINE RELIGIEUX

135 PLAN G9

Le campanile de la basilique, dont il est séparé de quelques mètres, s'élève à 114 m de hauteur. Il fut édifié en un temps record, entre 1472 et 1492 – une manière d'affirmer à l'époque l'importance de ce faubourg. Dans la crypte gisaient autrefois les “momies naturelles” : déposées au XVIIIe siècle, ces effrayantes figures que décrivit Victor Hugo furent finalement enterrées en 1990 au cimetière de la Chartreuse. Quant à la flèche, partiellement détruite par la foudre, puis par un séisme aux XVIe et XVIIe siècles, elle fut reconstruite entre 1861 et 1869. Son ascension donne normalement accès à une vue époustouflante sur la ville, mais elle est actuellement fermée pour des travaux de rénovation qui devraient durer 5 ans. (05 56 48 04 24 ; place Canteloup ; C ou D Saint-Michel)

Église Sainte-Croix

PATRIMOINE RELIGIEUX

136 PLAN H11

Malgré une apparente harmonie, la physionomie actuelle de l'église Sainte-Croix résulte d'époques bien différentes. Abbatiale d'un couvent de bénédictins, elle fut construite sur les vestiges d'une nécropole gallo-romaine aux XIe et XIIe siècles dans le style roman, comme en témoignent le portail d'entrée, la tour de droite et le chevet. Puis l'édifice fut considérablement remanié en 1860, date à laquelle l'architecte Paul Abadie fit ajouter la tour de gauche, par souci de symétrie. (05 56 94 30 50 ; www.sacrecoeurbordeaux.info ; place Pierre-Renaudel ; tlj 10h-18h ; C ou D Sainte-Croix)

Porte de Bourgogne

PATRIMOINE URBAIN

137 PLAN G8

Édifiée en l'honneur du duc de Bourgogne, premier fils du Dauphin à la Couronne de France, cette porte fut dessinée (1755), à la demande de l'intendant Tourny, par l'architecte André Portier sous la surveillance d'Ange-Jacques Gabriel. Elle marquait l'entrée officielle de la ville depuis la route qui venait de Paris. Nommée porte Napoléon en 1808 pour célébrer la venue de l'Empereur, elle est parfois appelée porte des Salinières en hommage aux ouvriers du sel qui vivaient autrefois dans ce quartier. (place Bir-Hakeim ; A, C ou D Porte-de-Bourgogne)

Jardin des remparts

JARDIN PUBLIC

138 PLAN G11

Ce jardin "suspendu" poétique n'est pas sans évoquer certains tableaux des peintres romantiques du XIXe siècle. Depuis la rue, entre le marché des Douves et l'ancien couvent des Capucins, dont il faisait partie, l'écrin de verdure est invisible. Puis, là-haut, c'est le quartier qui s'ouvre à vous, l'église Sainte-Croix, la halle des Capucins... Une belle promenade loin du tumulte de la ville, et l'occasion de voir les vestiges des remparts u XIVe siècle. (rue des Douves ; fermé lors de notre passage, une partie du mur devant être expertisée car posant un problème de sécurité ; B Victoire)

Se restaurer

La Boulangerie

SUR LE POUCE €

140 PLAN G9

Une bonne et belle boulangerie à l'esprit déco, installée au cœur du quartier depuis plus d'un siècle. On y achète des pains classiques ou revisités, et des viennoiseries comme le jésuite. Nombreux sont les Bordelais qui en ont fait leur cantine le midi et viennent y chercher un sandwich baguette ou bun aux ingrédients de leur choix. (06 59 78 59 66 ; 51 rue

La Méca et le Frac (Fonds régional d'art contemporain)

Fer de lance du nouveau quartier Belcier près de la gare Saint-Jean, ce lieu vaut d'abord le coup d'œil pour son architecture : une arche-totem en béton posée en bord de Garonne et dessinée par le Danois Bjarke Ingels. Baptisé la Méca (pour Maison de l'économie créative et culturelle en Nouvelle-Aquitaine), ce nouveau pôle réunit deux agences culturelles, l'une dédiée au livre et au cinéma, l'autre au spectacle vivant, ainsi que le **Fonds régional d'art contemporain** (139 PLAN K13 ; 05 56 24 71 36 ; www.fracnouvelleaquitaine-meca.fr ; 5 parvis Corto-Maltese ; contribution libre à partir de 1 €, gratuit 1er dim du mois et avec CityPass ; mar-sam 13h-18h30, 1er dim du mois 13h-18h30, 3e jeu du mois jusqu'à 21h ; C ou D Sainte-Croix ou Gare-Saint-Jean). Le Frac est la seule institution à être ouverte au public avec le restaurant installé dans le vaste hall en béton brut. On y accède par l'ascenseur : la salle d'exposition est située au 5e étage. Elle donne accès aux beaux jours à la terrasse au 6e, qui offre une vue panoramique inédite. Des visites famille (gratuit, à partir de 6 ans) sont aussi organisées sur réservation le mercredi à 15h. Avec la Méca, cet ancien quartier des abattoirs ouvre une nouvelle page. La plupart des établissements de nuit du quai de la Paludate ont été démolis, d'autres adresses sont nées, comme la **halle Boca** (p. 98).

des Faures ; sandwichs/formules midi 4,50-5/7,50-8 € ; tlj 7h-19h30 ; C ou D Saint-Michel)

Michel MaBelle

CAFÉ-PÂTISSERIE VÉGAN €

141 PLAN F10

Gros coup de cœur pour cette enclave gourmande de Saint-Michel. Le lieu n'est pas seulement beau (avec sa déco tendance et sa vue sur le laboratoire), il multiplie les propositions de biscuits et pâtisseries végans maison à tomber (financiers choco-noisette, tangerine à la clémentine corse, *banoffee*, pavlova mangue, cookies fondants…). Assiettes et formule pour le petit-déjeuner avec au choix : pâtisseries, pancakes ou gaufres gourmandes. (05 57 67 34 39 ; www.michelmabelle.com ; 33 rue Gaspard-Philippe ; assiettes petit-déj 6,50-7,50 €, formule petit-déj 9 € ; mer-sam 10h-18h, dim 10h-17h ; C ou D Saint-Michel)

La Soupe au Caillou

BIO ET VEGGIE €

142 PLAN G10

Ce restaurant n'a pas attendu la rénovation du quartier pour proposer, sur place ou à emporter, des plats bio et végétariens faits maison. La salle distille une ambiance de cantine familiale.

(05 56 78 07 74 ; lasoupeaucailloufr.wordpress.com ; 6 place du Maucaillou ; plats 12,50 €, formules 16,50-18,50 € ; lun-ven 12h-15h ; C ou D Saint-Michel)

Tching Tchang Tchong

VIETNAMIEN €

143 PLAN G9

On nous avait conseillé ce restaurant vietnamien. À notre tour de vous dire d'y aller les yeux fermés tant les brochettes de bœuf sont savoureuses. Les amateurs de phô, nouilles de riz ou de blé et rouleau de printemps trouveront aussi leur bonheur. (05 56 92 24 05 ; 18 place Canteloup ; plats 10-14 € ; lun, jeu, sam, dim 12h-14h30, mar, ven 12h-14h30 et 19h30-22h ; C ou D Saint-Michel)

Chez ta Mère

BISTROT €

144 PLAN G10

Un lieu convivial, au joli cadre rétro. La carte affiche une cuisine bistrot simple, bonne et à prix doux. Animée dès l'apéro, l'ambiance devient souvent festive en soirée. (05 56 92 55 12 ; 12 rue Camille-Sauvageau ; plats 13-15 € ; mar-sam 18h30-2h ; C ou D Saint-Michel)

Gaúta

TERROIR €€

145 PLAN G10

L'excellente nouvelle adresse d'un des plus grands noms de Bordeaux en matière de gastronomie : Vivien Durand, détenteur d'une étoile Michelin pour son restaurant Le Prince Noir. Dans une ambiance conviviale, le chef basque vous propose un menu qui tout à la fois reste abordable, met à l'honneur les produits du terroir et change tous les jours : magret de canard du Sud-Ouest sur coffre, ris de veau, andouillette… En dessert, les classiques de la pâtissière Marie Le Cossec ravissent les papilles (la tarte aux pommes fait retomber en enfance). Bref : on s'y sent bien et on y mange bien ! (05 56 64 31 02 ; www.gauta.fr ; 40 rue Traversanne ; menu midi 25 €, menus soir 3/4 plats 45/52 € ; lun-mer 11h45-14h, jeu-ven 11h45-14h et 19h45-22h ; C ou D Saint-Michel)

La Gigi

CUISINE FUSION ET COCKTAILS €€

146 PLAN G10

Outre les cocktails, spécialité de la maison, on vient pour la fine cuisine aux influences internationales – une "street food bistronomique" qui se déploie dans de belles assiettes. Poulpe *chimichurri*, *zaalouk* en cannelloni, *tataki* de magret, *churros* au chocolat, millefeuille à la framboise : ici, on partage (ou non) et on se régale jusqu'au dessert dans une ambiance décontractée. Bel emplacement en face de la basilique Saint-Michel, avec terrasse aux beaux jours. Brunch le week-end. (09 80 73 20 69 ; www.lagigi.fr ; 32 rue des Allamandiers ; plats 12-16 €, brunch 29 € ; lun-ven 19h-1h, sam-dim 11h30-15h30 et 19h-1h ; C ou D Saint-Michel)

Meson la Venta

ESPAGNOL €€

147 PLAN G9

"*Bienvenidos a España.*" Ici, c'est tapas, assiettes de charcuterie, calamars frits ou plats plus conséquents (chipirons à la plancha, morue à l'aïoli...). Un véritable régal. Il est conseillé de réserver, surtout l'été, car la terrasse ne désemplit pas. (09 54 22 36 98 ; www.mesonlaventa.fr ; 17 place Meynard ; tapas à partir de 5 €, plats 15-17 €, formules midi 13-16 € ; mer-sam 12h-15h et 19h-minuit, dim 12h-15h ; C ou D Saint-Michel)

La Taupinière

TERROIR €€

148 PLAN H10

Convivial et rock'n'roll, La Taupinière est un repaire de bonne humeur. La spécialité de la maison : la bitoche (250 g d'aloyau de bœuf haché, sauce crème fraîche, champignons, piments d'Espelette, frites maison), un passage obligé, tout comme les cœurs de canard en persillade. Avis aux végétariens : le lieu est aussi "légumes friendly". Expositions et bons vins sont également de la partie. (05 56 88 64 84 ; 9-10 quai de la Monnaie ; plats 11-20 € ; mer-sam 19h-23h ; C ou D Saint-Michel)

Chez Thérèse

TRADITIONNEL REVISITÉ €€

149 PLAN G9

Vaisselle ancienne, rideaux fleuris, baignoire transformée en banquette : les détails sont soignés dans cette vraie maison de grand-mère, celle de Thérèse, dont chaque pièce a été repensée dans un esprit déco. La cuisine, généreuse et traditionnelle (mais pas trop), est préparée avec des produits locaux et de saison. Au menu, œufs cocotte, quasi de veau, pain perdu, mais aussi burgers et côte de bœuf. (05 56 84 08 70 ; www.cheztherese.fr ; 28 place Meynard ; formules midi en semaine 15-19 €, plats 16-23 € ; tlj 12h-15h et 19h-22h30 ; C ou D Saint-Michel)

La halle Boca

STANDS €€

150 PLAN L13

Aménagée sous la voûte Debat-Ponsan, construite en 1938 et qui abrita pendant plusieurs décennies les abattoirs de la ville, la halle Boca symbolise le renouveau du quartier Belcier, près de la gare. Ce vaste espace de restauration doté de tables communes qu'entourent des stands de cuisines du monde et au milieu duquel trône un bar a vite trouvé ses adeptes. (07 87 27 10 82 ; labocafoodcourt.eu ; 208 quai de Paludate ; hlun-mar 11h30-14h30, mer-dim 11h30-14h30 et 18h30-22h30 ; C ou D Belcier).

Le Petit Atelier des Faures

TRADITIONNEL CRÉATIF €€€

151 PLAN G9

Cette adresse incarne le nouveau visage de Saint-Michel avec ses assiettes bistronomiques qui n'hésitent pas à s'afficher fusion, à l'image des gyozas au pastrami maison. Salle déco et places au comptoir, près de la cuisine ouverte. (☎ 09 86 42 45 45 ; www.lepetitatelierdesfaures.fr ; 48 rue des Faures ; formules midi 16-19 €, plat seul 14 €, plats soir à partager 8-22 € ; mar 12h-14h, mer-ven 12h-14h et 19h30-22h, sam 19h30-22h ; C ou D Saint-Michel).

Prendre un verre

Julo

BAR À VIN

153 PLAN G9

Julien Chivé fait partager sa passion du bon vin et des bons produits. Autour de la table d'hôtes ou en terrasse, on savoure ainsi son verre de vin avec de belles assiettes de charcuterie et de fromages. (☎ 06 59 02 44 90 ; julobordeaux.wixsite.com/julo ; 11 rue des Faures ; mar et jeu-sam 10h30-23h, mer 10h30-19h45, dim 10h30-15h ; C ou D Saint-Michel)

Café de la Fraternité

THÉ À LA MENTHE

154 PLAN G9

Cette autre adresse de la place Saint-Michel attire aussi ses habitués et amateurs de thé à la menthe. (27 place Meynard ; tlj à partir de 8h ; C ou D Saint-Michel)

Le Saint-Michel

BAR

155 PLAN G9

On s'y retrouve pour boire un verre entre amis, près des tilleuls. Le Saint-Michel est particulièrement agréable aux beaux jours pour profiter de l'animation qui règne sur la place. (☎ 05 56 94 21 29 ; 39 rue des Faures ; mar-ven 8h-23h, sam 8h30-23h, dim 9h-15h ; C ou D Saint-Michel)

La "rue gourmande"

La rue Porte-de-la-Monnaie est devenue avec le temps la "rue Gourmande". Tout a commencé en 1968 avec la **Tupina** (152 Plan H10 ; ☎ 05 56 91 56 37 ; www.latupina.com ; au n°6 ; menu midi la semaine 18 €, menu classique midi et soir 64 € ; mar-dim 12h-14h et 19h-23h) lancée par Jean-Pierre Xiradakis. Cette figure de la cuisine du Sud-Ouest a depuis cédé le tablier au chef Franck Audu qui en perpétue l'esprit. Le menu du jour à 18 € en semaine est une affaire.

Le Flacon

CAVISTE, BAR À VIN

156 PLAN G10

Voici un bar à vins où l'on peut aussi déguster des tapas (en mode apéro ou petits plats). Il n'y a que quelques tables, ce qui donne au lieu une note d'intimité, et la cuisine ouverte apporte ce qu'il faut de convivialité. Large sélection de vins : demandez conseil ! (☎ 09 82 34 60 68 ; www.leflacon.fr ; 9 place du Maucaillou ; mer-ven 10h-13h et 16h-23h, sam 10h-13h et 16h-20h, dim 10h-16h ; C ou D Saint-Michel)

Sortir

TnBA
SCÈNE NATIONALE

157 PLAN H11

Le Théâtre national de Bordeaux en Aquitaine occupe un bel édifice qui autrefois abritait une raffinerie de sucre. Le répertoire est éclectique, du théâtre mais aussi de la danse, des apéros-lectures, des conférences. Avant ou après le spectacle, vous pourrez boire un verre au Tn'BAR, sur place. (05 56 33 36 80 ; www.tnba.org ; place Pierre-Renaudel ; tarif plein/réduit 26/13 € ; C ou D Sainte-Croix)

Café Pompier
CONCERTS ET EXPOSITIONS

158 PLAN I11

Un lieu plutôt dynamique géré par l'association des étudiants de l'École des beaux-arts (dont il occupe une annexe), qui y programme des expositions, des conférences, des projections et des concerts. (05 56 91 65 28 ; 7 place Pierre-Renaudel ; lun-ven 9h-19h, jusqu'à 2h les soirs de concerts ; C ou D Sainte-Croix)

Café des Moines
CONCERTS

159 PLAN G9

Un bar réputé pour sa centaine de bières qui propose également une affiche éclectique. Moyennant une somme modique, on peut y découvrir des groupes locaux venus jouer dans une petite salle à l'ambiance chaleureuse. *Happy hour* 17h-20h. (05 40 25 28 25 ; www.cafedesmoines33.com ; 12 rue des Menuts ; mer-lun 17h-2h ; A, C ou D Porte-de-Bourgogne)

Le Poisson Rouge
BAR À VIN, COCKTAILS, DJ SETS

160 PLAN G11

Cet espace convivial ne désemplit pas. On vient pour un verre de vin accompagné d'une planche de charcuterie ou un succulent cocktail, pour une exposition ou pour faire la fête tandis que les DJ se succèdent aux platines. (09 54 53 21 70 ; 22 rue Saumenude ; mer-sam 18h-2h ; C ou D Saint-Michel)

Quartier Libre
CONCERTS ET DJ SETS

161 PLAN G10

Jazz, blues-rock, funk, hip-hop, rythmes latins.... Le bar-restaurant ouvert par Bertrand Cantat ne boude aucun genre. Le week-end, après le concert, un DJ set prend le relais. (05 40 24 61 01 ; www.quartierlibrebordeaux.com ; 30 rue des Vignes ; mar-sam 18h-2h ; C ou D Saint-Michel)

La Tencha
SOIRÉES CONCERTS

162 PLAN H10

Cocktails, fêtes et baby-foot, tel est le programme de ce bar devenu un incontournable des soirées bordelaises. Sans compter la terrasse aux beaux jours. *Happy hour* 17h-20h. (09 51 77 86 69 ; 22 quai de la Monnaie ; mer-sam 17h-1h30, dim-mar 17h-minuit ; C ou D Saint-Michel)

Central Do Brasil CONCERTS

163 PLAN H10

Soirées appréciées, tout comme les cocktails concoctés dans ce bar-restaurant brésilien animé. (05 56 92 38 67 ; 6 rue du Port ; tlj 18h-2h ; C ou D Sainte-Croix)

Shopping

Le Passage Saint-Michel BROCANTE

164 PLAN G10

En face de la basilique Saint-Michel, ce passage couvert réunit des meubles et objets anciens de qualité, avec une prédilection pour l'Art déco. (05 56 74 01 84 ; 15 place Canteloup ; mar-sam 10h-18h, dim 10h-15h ; C ou D Saint-Michel)

La Martinerie FRIPERIE, CONCEPT-STORE

165 PLAN G9

Dans ce lieu mi-friperie, mi-concept store, chaque vêtement est savamment restauré par Émilie, styliste de formation. Un coup de ciseau par-ci, une couture par-là, et la pièce reprend le chemin de nos armoires, tout en gardant son esprit vintage. Beau choix de lunettes années 1920-1930. Sur rendez-vous, un opticien peut les monter à votre vue. (06 87 38 99 60 ; 23 rue des Faures ; lun-mar et jeu-ven 14h-19h, sam 11h-19h ; C ou D Saint-Michel)

L'Olympe FRIPERIE

166 PLAN F10

Ici, on reste dans la pure tradition friperie. Le choix est large, l'esprit très années 1990. Pour femmes et hommes. (06 72 32 29 85 ; 4 impasse Sainte-Cadenne ; mer-sam 14h-19h ; C ou D Saint-Michel)

La Zone du Dehors LIBRAIRIE CAFÉ

167 PLAN F9

Tout à la fois une librairie, une ludothèque et un café : un lieu qui invite à prendre son temps. Sélection littéraire éclectique, et conseils avisés des libraires. (09 82 23 27 78 ; www.lazonedudehors.fr ; 68 cours Victor-Hugo ; mar-sam 10h30-13h30 et 14h30-19h30, dim 13h-18h ; C ou D Saint-Michel ou Porte-de-Bourgogne)

Sports et activités

Parc des Sports MULTIDISCIPLINAIRE

168 PLAN I10

Chaussez vos baskets sur les quais ! Terrains de foot et de basket, fronton de pelote, appareils de musculation, aire de hockey, terrains de beach-volley… Et le tout, accessible gratuitement. (quais des Salinières, de la Monnaie et Sainte-Croix ; site éclairé jusqu'à 22h)

D'ANALYSES

Explorer

La Victoire et les Capucins

Située sur le tracé des remparts du XIVe siècle, aujourd'hui détruits, la place de la Victoire est devenue un carrefour de circulation majeur et un lieu prisé des étudiants pour ses nombreux bars et pubs. Le quartier est surtout réputé pour son marché des Capucins, le plus grand de la ville, où l'on vient le matin déguster huîtres et tapas, et tard le soir pour ses restaurants de nuit.

Notre sélection

- ***Synagogue de Bordeaux (p. 103)*** *L'une des plus belles synagogues de France, classée au titre des monuments historiques.*
- ***Marché des Capucins (p. 109)*** *Le "ventre de Bordeaux", qui abrite des comptoirs gourmands.*
- ***Quartier de l'église du Sacré-Cœur (p. 105)*** *Une balade pour découvrir ces petites maisons d'artisans et d'ouvriers agricoles appelées "échoppes".*
- ***Total Heaven (p. 109)*** *Tous les passionnés de musique se retrouvent chez ce disquaire.*

Comment y aller et circuler

Vélos en libre service aux stations V^{3} Stalingrad, Jardin-Botanique, Parc-aux-Angéliques, Darwin.

La ligne A du tramway dessert les stations Stalingrad et Jardin-Botanique.

Lignes de bus 45, 91 et 92.

Liaisons régulières avec la navette fluviale Bat^{3} (BatCub) entre les Quinconces ou Les Hangars (rive gauche) et Stalingrad (rive droite).

La porte d'Aquitaine, place de la victoire © ADOBE STOCK/ARTHUR R.-STOCK.ADOBE.COM

Voir

Place de la Victoire URBANISME

169 PLAN E11

Cette esplanade se distingue notamment par la porte d'Aquitaine, un arc de triomphe érigé à la fin du XVIIIe siècle. Dans son prolongement, la rue Sainte-Catherine, la principale artère piétonne et commerçante de la ville, s'étire jusqu'à la place de la Comédie et au Grand Théâtre, à un peu plus d'un kilomètre de là. La colonne en marbre rouge (un hommage à la vigne et au vin) et les deux tortues en bronze du sculpteur tchèque Ivan Theimer, sujets à polémique lors de leur inauguration en 2005, font désormais partie du paysage. L'édifice imposant qui occupe le côté est de la place fut érigé à la fin du XIXe siècle pour abriter la faculté de pharmacie. On y enseigne aujourd'hui les sciences de l'homme et l'odontologie. Avec ses cafés, la place est un haut lieu de la vie étudiante. (B Victoire)

Synagogue de Bordeaux PATRIMOINE RELIGIEUX

170 PLAN D9

Considérée comme l'une des plus belles de France et à présent classée au titre des monuments historiques, la synagogue de Bordeaux fut inaugurée en 1882. Classique par son plan, elle se distingue par son style éclectique, mêlant les références gothiques, mauresques et ottomanes. Durant la Seconde Guerre mondiale, elle fut transformée en prison par les occupants allemands et subit d'importantes dégradations qui nécessitèrent par la suite deux décennies de travaux. Elle fait aujourd'hui partie des monuments éclairés de la ville et se visite avec un audioguide. (05 56 91 79 39 ; communautejuiveaquitaine.fr ; 6 rue du Grand-Rabbin-Cohen ; tarif plein/étudiants 5/4 €, visite sur réservation ; lun-jeu 14h, 15h et 16h, sf pendant les fêtes religieuses ; B Victoire)

La Réserve Bienvenue LIEU D'ART

HORS PLAN D15

Un espace de travail et d'expérimentations artistiques vaste et lumineux, dans une ancienne usine de pâtes alimentaires. Ouvert pendant les Week-ends de l'art contemporain (WAC) et lors des vernissages de sortie de résidence. (06 33 36 64 63 ou 06 45 99 92 68 ; lareservebienvenue.com ; 91 rue de Marmande ; B Saint-Genès)

Se restaurer

Nobi Nobi JAPONAIS €

171 PLAN E10

Sur place ou à emporter, cette adresse de cuisine de rue japonaise (nouilles sautées au wok, ramens, *toridon*, *katsu* curry...) séduit. Goûtez aussi le *bubble tea*, excellent. (05 56 89 90 39 ; www.nobinobi-streetfood.

Les échoppes du quartier du Sacré-Cœur

Les échoppes, ces petites maisons où vivaient artisans et ouvriers, font partie du patrimoine local. En émigrant vers les villes, les ouvriers agricoles introduisirent à Bordeaux cette architecture, qui connut son âge d'or dans la seconde moitié du XIXe siècle. L'échoppe ne comporte qu'un rez-de-chaussée, avec une ou deux pièces et une cuisine, ouvrant sur un petit jardin à l'arrière. Le **quartier de l'église du Sacré-Cœur** (hors plan I15), résidentiel, en regroupe le plus grand nombre. Même si la visite n'est pas spectaculaire, l'alignement de ces maisons est une curiosité, et certaines décorations ornant portes et fenêtres sont remarquables. Depuis la gare Saint-Jean, marchez jusqu'au pont du Guit pour emprunter la rue Amédée-Saint-Germain, puis la rue Bauducheu. Parcourez ensuite les rues de Langon, Donnet, d'Agen ou Billaudel, tout autour de l'église du Sacré-Cœur.

com ; 262 rue Sainte-Catherine ; plats 10-11 € ; lun-jeu et dim 11h30-23h, ven-sam 11h30-23h30 ; B Victoire)

Bistro Poulette

MOULES-FRITES €

VOIR 183 PLAN F11

Une adresse tout indiquée pour les envies de moules-frites. La spécialité du lieu : les moules Poulette (échalotes, crème citron, persil, fumet de poisson), accompagnées de frites maison. Mais cinq autres recettes vous attendent, dont une inspirée du jour. Et pour les envies de homard, rendez-vous à l'autre Bistro Poulette à l'extérieur du marché, au 57 place des Capucins. (06 25 56 17 97 ; bistropoulette.com ; marché des Capucins ; moules-frites 10-13 € ; mar-ven 8h-14h, sam-dim 8h-14h30 ; B Victoire)

Chez Jean-Mi

BISTROT, FRUITS DE MER €

VOIR 183 PLAN F11

Les amateurs de fruits de mer connaissent bien ce bistrot du marché des Capucins : sa terrasse, qui est calée entre les étals des maraîchers, est l'un des meilleurs endroits de Bordeaux pour déguster huîtres, crevettes et bulots. (06 81 20 24 49 ; marché des Capucins ; formules huîtres à partir de 8,50 € ; mar-ven 7h-13h30, sam 7h-15h, dim 9h-15h ; B Victoire)

La Maison du Pata Negra

TAPAS €

VOIR 183 PLAN F11

Ce comptoir est l'endroit rêvé pour des tapas après avoir arpenté la halle du marché. Succulent jambon espagnol et accueil chaleureux. (06 74 27 59 54 ;

Au Cochon Volant

www.maisondupatanegra.com ; marché des Capucins ; tapas 1,60-4 € ; mar-dim 8h-13h ; B Victoire)

Munchies

VÉGAN **€€**

172 PLAN E10

Hot dogs, sandwich grillé au fromage, plat du jour tous les midis (émincé de soja caramélisé avec gratin dauphinois, par exemple) et pâtisseries gourmandes : cette adresse 100% végan près de la place de la Victoire est parfaite pour déjeuner sur le pouce ! C'est bon, c'est bio, et les produits sont locaux. On apprécie aussi la terrasse ensoleillée aux beaux jours. (05 56 21 82 61 ; munchies.eatbu.com ; 21 rue des Augustins ; formules 14-16 €, plat du jour 14 € ; lun-ven 12h-16h ; B Victoire)

Au Bistrot

TRADITIONNEL **€€**

173 PLAN F11

Ici, les produits du marché sont rois, tout comme les bons petits plats à l'ancienne (pot-au-feu, blanquette, joue de bœuf braisée, terrines maison, œuf poché façon meurette, etc.). On aime le comptoir ouvert sur la cuisine et la carte qui change selon les arrivages. (06 63 54 21 14 ; www.aubistrot.fr ; 61 place des Capucins ; plats 14-25 € ; plat du midi 14 € ; mer-sam 12h-14h30 et 19h30-23h, dim 12h-14h30 et 19h30-22h ; B Victoire)

Le Plana

BRASSERIE **€€**

174 PLAN D11

Une institution de la place, pour se restaurer à toute heure (service jusqu'à minuit). Huîtres, dorade, tartare, carpaccio, etc. La carte arbore les grands classiques de la brasserie. Très belle terrasse. (05 56 91 73 23 ; www.leplana.fr ; 22 place de la Victoire ; formule midi en semaine 17 €, menus 20-30 €, plats 16,50-28,50 € ; tlj 10h-2h ; B Victoire)

Le Bar des Capucins

BRASSERIE DE NUIT **€€**

175 PLAN F11

Inutile de venir avant 22h, vous trouverez le rideau baissé. Ce bar-restaurant, plus connu sous le nom "Chez Ludo", perpétue la tradition de la nuit à deux pas du marché des Capucins. Il ne barguigne pas avec la qualité.

Le tartare et les lasagnes maison font parler d'eux, tout comme les desserts. Bref, une adresse pour les faims de nuit, mais pas seulement. (09 81 49 36 47 ; 27 rue Émile-Laparra ; plats 14-25 € ; mar-sam 22h-4h ; B Victoire)

Le Cochon Volant

TRADITIONNEL **€€**

176 PLAN F11

Autre restaurant bien connu des noctambules, où l'on vient satisfaire un appétit gargantuesque avec des plats à l'image du lieu, un ancien volailler face au marché des Capucins. Ventre de veau, magret de canard entier, tartare, côte de bœuf et côtelettes d'agneau s'invitent dans les assiettes et les conversations. À savourer à toute heure du jour, ou presque ! (05 57 59 10 00 ; 22 place des Capucins ; plats 15-27 € ; mar-jeu 12h-14h et 19h30-22h30, ven-sam 12h-14h et 19h30-minuit, dim 12h-15h et 19h30-22h30 ; B Victoire)

Prendre un verre

Café Auguste

CAFÉ AVEC TERRASSE

177 PLAN E10

Avec sa terrasse plein sud, les places sont chères aux beaux jours. Il faut dire que "Chez Auguste" est une institution à Bordeaux ! À l'intérieur, on aime le cadre aux faux airs de vaste buffet de gare. (05 56 91 77 32 ; cafeauguste.com ; 3 place de la Victoire ; lun-sam 8h-2h, dim 10h-23h45; B Victoire)

La terrasse du Café Auguste

Pub Saint-Aubin

BAR AVEC TERRASSE

178 PLAN E11

L'été, il investit la place de la Victoire avec une ambiance assez jeune. On s'y retrouve le soir pour l'apéritif ou le jeudi pour les célèbres soirées étudiantes de la Victoire. Pour les serveurs, le kilt (noir) est de rigueur ! *Happy hour* 18h-20h. (05 56 91 28 15 ; www.pub-saint-aubin.fr ; 5 place de la Victoire ; tlj 7h-2h ; B Victoire)

Musette

CYCLO-CAFÉ

179 PLAN E12

Un café créé par deux passionnés de vélo, où l'on répare aussi les bicyclettes. Rob se penche sur les vélos, pendant que Chris sert thés ou cafés, accompagnés de cookies au gingembre ou de *carrot cake* maison. Petite restauration le midi. (09 83 59 85 26 ; www.musettebordeaux.com ; 72 cours de la Somme ; mar-ven 9h-18h, sam 10h-18h ; B Saint-Nicolas)

Balthazar

PUB AVEC TERRASSE

180 PLAN E11

Un pub avec une ambiance plutôt étudiante, 18 bières pression, 50 bières bouteilles, des cocktails et des spiritueux. Flipper, babyfoot et belle terrasse en été comme en hiver. L'ambiance animée autour d'une pinte à l'heure de l'apéro (*happy hour* 16h-19h30) se fait ensuite festive jusque tard dans la nuit. (balthazar-bar.fr ; 8 rue des Augustins ; lun-sam 16h-2h, dim 17h-minuit ; B Victoire)

Capucins by night

Le marché des Capucins offre aux noctambules trois enseignes bien utiles, en cas de petits maux ou pour reprendre des forces. La **pharmacie des Capucins** (05 56 91 62 66 ; 30 place des Capucins) est ouverte toute la nuit. Le restaurant **Le Cochon Volant** (p. 107) ferme à minuit le vendredi et samedi, et le **Bar des Capucins** (p. 106) à 4h.

Sortir

Le Void

CONCERTS, EXPOSITIONS

181 PLAN E10

Un lieu d'échange et de rencontres des cultures underground. Concerts, expos, bar associatif... (09 51 58 05 05 ; www.voidvenue.com ; 58 rue du Mirail ; B Victoire)

Rock School Barbey

CONCERTS

182 PLAN G13

École de musique, salles de répétitions, résidences pour les groupes... Un lieu incontournable dédié à la culture musicale, avec de nombreux concerts. (05 56 33 66 00 ; www.rockschool-barbey.com ; 18 cours Barbey ; C Gare-Saint-Jean)

Chez Total Heaven

La Manufacture

DANSE

HORS PLAN I15

Installée dans une ancienne manufacture de chaussures, cette scène est dédiée à la danse contemporaine. (06 77 10 72 40 ; www.lamanufacture-cdcn.org ; 226 boulevard Albert-Ier ; C Terres-Neuves)

Shopping

Marché des Capucins

MARCHÉ COUVERT

183 PLAN F11

Un marché se tient là depuis 1749 ! À la fin du XIXe siècle, la ville y fit élever une structure à partir notamment d'éléments provenant de l'Exposition universelle de Paris. Aujourd'hui incontournable, le grand marché couvert de Bordeaux abrite aussi plusieurs comptoirs gourmands (p. 105), très prisés le week-end. (05 56 92 26 29 ; www.marchedescapucins.com ; place des Capucins ; mar-ven 6h-14h, sam-dim 5h30-14h30 ; B Victoire)

Total Heaven

DISQUAIRE

184 PLAN E10

L'un des derniers disquaires dignes de ce nom à Bordeaux, où dénicher des merveilles. (05 56 31 31 03 ; pier.vidal.free.fr ; 6 rue de Candale ; lun 14h-19h, mar-sam 11h-19h30 ; B Victoire)

Steack Fripes

FRIPERIE

185 PLAN E10

Robes, chaussures, vestes, accessoires... En farfouillant un peu, impossible de ne pas y trouver son bonheur. (05 56 92 79 01 ; 62 rue du Mirail ; jeu-sam 10h30-12h30 et 14h30-19h ; B Victoire)

L'Entrepôt Saint-Germain

BROCANTE

HORS PLAN H15

Près de la gare Saint-Jean, l'adresse est prisée des chineurs pour ses meubles et objets datant des années 1950 à 1980. Il y a également un espace vêtements. (05 56 91 10 06 ; www.depotventebordeaux.com ; 96 rue Amédée-Saint-Germain ; mar-sam 10h-12h et 14h30-19h, dim 15h-19h ; C ou D Gare-Saint-Jean)

Explorer
Les Chartrons

Autrefois quartier des négociants, les Chartrons symbolisent aujourd'hui la renaissance de Bordeaux. Une atmosphère chic et tranquille se dégage de ses ruelles, qu'il fait bon parcourir tant pour leur histoire que pour leurs antiquaires, galeries, boutiques et restos tendance. Sans omettre de passer par les quais, avec le marché du dimanche.

Notre sélection

- ***Le CAPC (p. 112)*** *Un passage incontournable pour les amateurs d'art contemporain.*
- ***Balade au cœur des Chartrons (p 114)*** *À la découverte du berceau historique des négociants bordelais.*
- ***Marché des Quais (p. 119)*** *Le dimanche, on s'y rend pour déguster des huîtres.*
- ***Pastel (p. 119)*** *Une savoureuse cuisine de marché dans ce restaurant installé sur les quais.*

Comment y aller et circuler

Vélos en libre service aux stations V³ CAPC, Église-Saint-Louis, Place-Paul-Doumer.

La ligne de tramway B dessert les stations Chartrons et CPAC, la ligne C passe par la station Place-Paul-Doumer.

Lignes de bus 4 et 15.

Parkings rue Notre-Dame, Cité Mondiale (quai des Chartrons).

Village Notre-Dame (p. 121) CORALIE MODSCHIEDLER ©

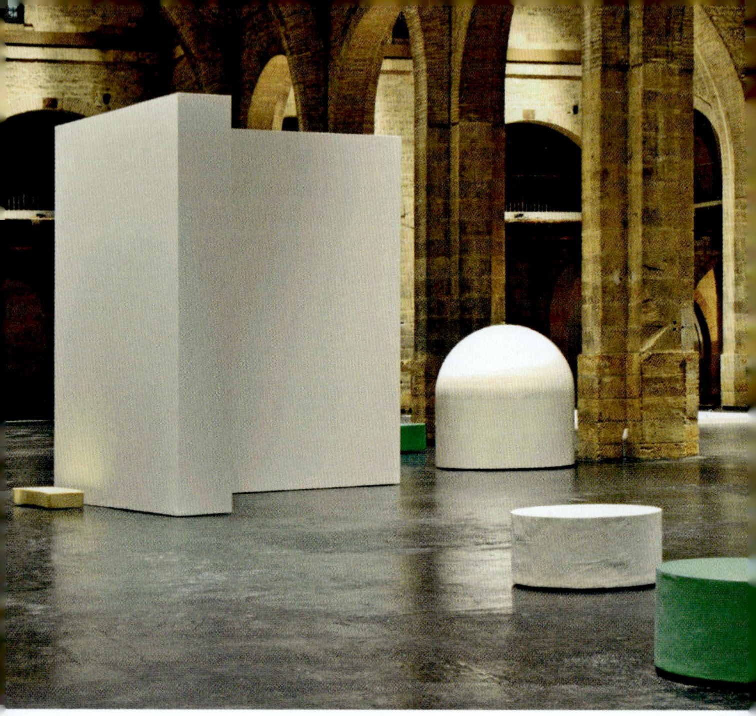

Les incontournables

Le CAPC

Temple de l'art contemporain, le CAPC a dynamisé le quartier sur le plan artistique, son rayonnement ayant favorisé l'émergence de nombreuses galeries. Véritable vitrine de l'actualité artistique contemporaine, le musée propose plusieurs expositions temporaires chaque année. Elles donnent lieu à des colloques, à des conférences et à d'autres événements, en lien avec l'artiste ou la thématique mise en avant.

PLAN B6

05 56 00 81 50

www.capc-bordeaux.fr

7 rue Ferrère

Tarif plein/réduit 7/4 €, gratuit -18 ans et le 1er dim du mois mar-dim 11h-18h, jusqu'à 20h le 2e mer du mois

B CAPC, C Jardin-Public

L'histoire du CAPC

Le musée d'art contemporain de Bordeaux ne mérite pas seulement le détour pour les œuvres qui y sont exposées. Le bâtiment qui héberge ce "centre d'arts plastiques contemporains" depuis 1973 impressionne par ses dimensions. La gigantesque halle (l'entrepôt Lainé, construit en 1824 par l'ingénieur Claude Deschamps) servait à l'origine à stocker divers produits coloniaux. Si les lieux ne sont occupés par le CAPC que depuis les années 1970, ils avaient déjà été investis quelques années plus tôt par diverses associations d'artistes. Restaurés en 1990 par les architectes Valode et Pistre, ils furent réaménagés par Andrée Putman.

La nef centrale

Au rez-de-chaussée, nefs et voûtes rappellent l'architecture religieuse. Cet espace monumental, divisé en travées par de majestueuses arcades, accueille les expositions temporaires. Autour de la nef centrale gravitent des espaces d'exposition, mais aussi le centre d'architecture **Arc en Rêve** (☎ 05 56 52 78 36 ; www.arcenreve.com ; ⏲ mêmes horaires que le musée) et la **bibliothèque**, où est conservé le fonds documentaire, audio, vidéo et papier du musée.

La collection permanente

La collection du CAPC comprend près de 1300 œuvres, offrant un panorama des courants artistiques contemporains : land art, art conceptuel, art minimal... Une sélection, renouvelée tous les six mois environ, est présentée à l'étage. De nombreuses œuvres ont été conçues pour le musée lui-même, parmi lesquelles des créations de Christian Boltanski, Annette Messager, Keith Haring et Robert Combas.

★ À savoir

- Des visites commentées des **expositions** ont lieu les samedis et dimanches à 16h (billet d'entrée majoré de 1 €).
- La **boutique** à l'entrée du CAPC propose livres, cartes postales et autres objets dédiés à l'art. C'est une bonne adresse pour dénicher des cadeaux pour les enfants.
- Des **ateliers** (sur inscription, 5 €/jour) sont proposés pendant les vacances scolaires pour les 7-11 ans, les ados ou les familles.

Une petite pause ?

Sur les terrasses du deuxième étage, prenez place au **Café du Musée** (☎ 05 56 06 35 70 ; ⏲ 11h30-14h30 ; formule midi 25-30 €), à la déco design signée Andrée Putman. Pensez à réserver pour les brunchs du dimanche (35-40 €).

Une balade au cœur des Chartrons

Le quartier doit son nom au couvent des Chartreux qui y fut établi à la fin du XIVe siècle. Le faubourg s'enrichit d'abord grâce au commerce du vin. Puis, dans la seconde moitié du XVIIIe siècle, le lucratif négoce avec les colonies permit aux marchands de s'offrir de fastueuses demeures. Certaines sont encore visibles aujourd'hui.

La promenade

Départ Esplanade des Quinconces

Arrivée Quai des Chartrons

Distance 2,6 km

Durée 35 minutes

De la Bourse maritime aux demeures Louis XVI

En partant de l'esplanade des Quinconces ❶, suivez les quais jusqu'à la place Lainé, où se dresse la Bourse maritime, un bâtiment des années 1920 inspiré de l'architecture du XVIIIe siècle de la place de la Bourse. De là, empruntez l'élégant cours Xavier-Arnozan, dont le terre-plein planté longe un superbe alignement de demeures Louis XVI, aux balcons "sur trompes" (terme désignant leurs formes arrondies).

La rue Notre-Dame

Avant d'arriver au Jardin public (cours de Verdun), prenez à droite la rue Notre-Dame, royaume des antiquaires. Tout de suite sur la droite, un **temple protestant** ❷ à l'allure néoclassique rappelle la présence ancienne d'une communauté d'origine flamande. Plus loin sur la gauche, au n° 29, admirez la façade néomauresque de vieux bains turcs ❸.

Vers la halle des Chartrons

N'hésitez pas à vous aventurer dans les petites rues perpendiculaires – comme la jolie rue du Couvent –, bordées d'ateliers et de galeries d'art. À gauche de la rue Notre-Dame, remarquez l'église Saint-Louis (1875). Après l'avoir longée, on arrive sur une jolie place au centre de laquelle se dresse la **halle des Chartrons** (1869), une construction en fer et en verre convertie en espace d'exposition ❹. C'est l'endroit idéal pour faire une pause avec ses nombreux cafés et restaurants.

Les anciens chais

De retour dans la rue Notre-Dame, continuez tout droit jusqu'à la rue Barreyre. Prenez-la sur la gauche pour rejoindre le cours Balguerie-Stuttenberg, puis à droite pour accéder à la **rue du Faubourg-des-Arts** ❺, où l'on admire l'audacieux mariage entre vieilles pierres et architecture ultracontemporaine. Totalement rénovée, cette rue regroupe des ateliers d'artistes et d'artisans installés dans d'anciens chais réaménagés.

Anciennes demeures de négociants

Au bout, prenez à gauche vers la place Paul-Avisseau, puis à droite la rue Poyenne pour retourner vers les quais, bordés par de belles maisons de négociants du XVIIIe siècle. Aux nos 28 et 29 ❻, observez les deux superbes maisons à pignon, de style flamand, construites en 1680 par un marchand hollandais.

Voir

Église Saint-Louis des Chartrons ORGUE REMARQUABLE

186 PLAN VERSO B4

Derrière les épais murs de cette église néogothique achevée en 1879 et conçue par Charles-Louis Brun se cache le plus important orgue symphonique d'Aquitaine. Construit en 1881, c'est le plus beau de la facture Wermer-Maille. Un instrument exceptionnel. (05 56 52 94 15 ; www.saintlouisdebordeaux.fr ; 51 rue Notre-Dame ; tlj ; B CAPC, ou C Place-Paul-Doumer)

Musée du Vin et du Négoce HISTOIRE DU VIN

187 PLAN VERSO C3

L'accent est mis ici sur Bordeaux, l'histoire de ses familles de négociants et le fonctionnement du commerce du vin. Aménagé dans les caves d'un immeuble du XVIIIe siècle, le musée offre aussi une agréable dégustation. (05 56 90 19 13 ; www.museeduvinbordeaux.com ; 41 rue Borie ; tarif plein/réduit 10/5 € dégustation de deux vins comprise, gratuit -18 ans et avec le City Pass ; tlj 10h-18h ; B Chartrons)

Street art : le M.U.R.

Une grande "toile" blanche dressée place Paul-et-Jean-Paul-Avisseau... et laissée chaque mois à l'imagination d'un artiste. Pour assister aux performances, guettez la page Facebook du **M.U.R.** (189 Plan D2 ; www.facebook.com/lemurdebordeaux) – pour Modulable, Urbain et Réactif.

Musée de l'Histoire maritime de Bordeaux ACTIVITÉS FLUVIALES

188 PLAN VERSO D3

On doit cet attachant petit musée à des passionnés. À partir d'archives et d'objets provenant notamment de familles bordelaises et de négociants en vin, il retrace le passé maritime et fluvial du port de la Lune. Si le commerce triangulaire est rapidement évoqué, on (re)découvre de grandes figures historiques. Un déménagement dans l'immeuble du musée du vin est envisagé, mais lors de notre passage, rien n'avait encore été décidé. (05 54 51 06 39 ; www.museehistoiremaritimedebordeaux.fr ; 31 rue Borie ; tarif plein/réduit 5/2 €, gratuit -12 ans, 3 € avec le City Pass ; tlj 10h-18h ; B Chartrons)

Se restaurer

Bread Storming SNACK, PRODUITS FRAIS €

190 PLAN VERSO B5

Pour un déjeuner sain et rapide. Les sandwichs et salades sont préparés devant vous, le fromage et le jambon sont estampillés AOC et les desserts faits maison. Malgré la queue, l'attente n'est jamais très longue. (☎ 05 33 05 57 06 ; www.bread-storming.com ; 27 rue Notre-Dame ; formules 8,50-10,80 € ; lun-ven 11h15-14h30 ; B CAPC, C Place-Paul-Doumer)

Les Sauvages

BRUNCH **€€**

191 PLAN VERSO C3

Le spot incontournable des amoureux du brunch. Un endroit cosy où il fait bon se retrouver autour de belles assiettes colorées. Il y en a pour tous les goûts : tour de pancakes au sirop d'érable, burger au poulet croustillant, *avocado toast*, brioche perdue façon tiramisu... On se régale ! Le succès est tel qu'une deuxième adresse a déjà ouvert au 7 rue des Frères-Bonie (p. 69). Réservation conseillée. (☎ 05 57 89 50 32 ; www.lessauvagesrestaurant.fr ; 49 cours de la Martinique ; brunch 15-25 € ; mer-ven 11h-15h, sam 11h-16h, dim 10h-16h ; B Chartrons ou C Camille-Godard)

Man Mo

DIM SUM DU TERROIR **€€**

192 PLAN VERSO C4

Le petit frère français du restaurant Man Mo à Hong Kong a ouvert ses portes aux Chartrons. Au programme, des recettes traditionnelles de dim sum revisitées avec des ingrédients bien de chez nous : foie gras, confit de canard, noix de Saint-Jacques, brie à la truffe, morilles ou encore pommes tatin en dessert. Bref, de quoi ravir les papilles !

STÉPHANIE ET THOMAS SINIER ©

Église Saint-Louis des Chartrons

Les cocktails sont tout aussi excellents et le cadre est joliment soigné. Bel emplacement avec terrasse sur la place du Marché-des-Chartrons. (☎ 05 57 30 13 52 ; www.manmodimsum.com ; 8 place du Marché-des-Chartrons ; menus 26-32 €, dim sum 4,80-9,80 €, cocktails 10-11 € ; mar-sam 17h-2h ; B Chartrons ou C Place-Paul-Doumer)

La Bocca

TRAITEUR ITALIEN **€€**

193 PLAN VERSO C4

Des spécialités italiennes à manger sur place ou à emporter. Goûtez les *rigatoni* sauce *tartufata* ou un risotto, ou faites le plein de produits de qualité. Et pour s'attarder : le restaurant est en face. (☎ 05 56 48 25 31 ; www.labocca-bordeaux.fr ;

78*bis* rue Notre-Dame ; plats 13-17,50 € ; mar 10h-14h30 et 17h30-20h30, mer et ven 10h-14h30 et 18h-21h30, jeu 10h-14h30 et 18h-22h30, sam 10h-19h ; B Chartrons, C Place-Paul-Doumer)

Le Bistrot du Fromager

PLANCHES MIXTES **€€**

194 PLAN VERSO D3

Fromages mais aussi charcuterie, foie gras et bon vin. Ici, on déguste les produits du terroir, sur place ou à emporter. Pour un petit creux, un *after work* ou l'apéritif. Une adresse à l'ambiance détendue. (05 56 98 17 08 ; 73 quai des Chartrons ; assiettes 11-22 €, plat du jour 11 € ; mar-mer 18h-minuit, jeu-sam 12h-14h30 et 18h-minuit, dim 12h-15h ; B Chartrons)

Casa Gaïa

BIO ET LOCAL **€€**

195 PLAN VERSO B5

Produits bio et circuit court à l'honneur ! La pêche du jour regarde du côté du Bassin et le bœuf vient de Civrac-de-Blaye : ici, chaque producteur est dûment référencé sur la carte. La cuisine est à l'avenant, vitaminée et de saison. Le soir, place aux tapas et aux planches, le "bowl" traversant lui la journée. Et samedi et dimanche, on passe au brunch. Joli cadre déco. (05 56 52 87 21 ; www.casagaia.fr ; 16bis rue Latour ; formules midi en semaine 16,50-21 €, plats midi/soir 12-18/15-26 € ; brunch 25-30 € ; lun-ven 12h-14h30 et 19h-22h30, dim 11h30-15h30 ; C Place-Paul-Doumer)

Au marché des Quais

Le marché dominical

Le fameux **marché des Quais** (199 Plan verso D4 ; quai des Chartrons ; dim 7h-13h, jusqu'à 15h pour la restauration ; B Chartrons) est l'occasion d'une belle balade. On vient pour des emplettes et pour déguster des huîtres ou d'autres spécialités devant les stands. Quant au jeudi (7h-13h), c'est le jour du marché bio.

Au Couvent CUISINE MÉDITERRANÉENNE €€

196 PLAN VERSO B4

Dans un passage menant à un ancien couvent (dont il ne reste que quelques murs), venez goûter des plats inspirés de la cuisine méditerranéenne. Circuits courts tout comme produits bio et de saison sont privilégiés. Carpaccio d'artichaut à la vinaigrette truffée, pancake aux épinards ou houmous de poivron sont suivis... de pets-de-nonne. Brunch quotidien. (05 56 52 85 80 ; www.aucouvent.com ; 23 rue du Couvent ; formules mer-ven 15-19 €, plats 13-22 €, brunch semaine/week-end 23/29 € ; mer-ven 11h-15h30, sam-dim 10h-15h30 ; B CAPC).

Pastel CUISINE DE SAISON €€

197 PLAN VERSO C6

La belle idée que ces demi-parts (mais il est aussi posible d'opter pour la portion plat), tant il est difficile de faire son choix parmi les différentes propositions à l'ardoise. Voici une cuisine de saison rondement menée. Un coup de cœur ! (09 70 98 62 20 ; www.restaurant-pastel.com ; 2 quai des Chartrons ; formule midi mar-ven 18-21 €, menus 29-41 €, plats 19-23 € ; mar-mer 12h-13h30, jeu-sam 12h-13h30 et 19h30-22h30 ; B CAPC)

Chez Dupont INSTITUTION €€€

198 PLAN VERSO B4

Cuisine bourgeoise, cadre de bistrot chic et bons produits locaux (canard d'Auros, cochon noir de Bigorre, tricandille, sole de la criée de Royan...), autant d'arguments qui ont imposé cette table comme une institution du quartier. On y vient et on y revient. Seul bémol : pas de menu enfant. (05 56 81 49 59 ; www.chez-dupont.com ; 45 rue Notre-Dame ; plats 20-29 € ; mar-sam 12h-14h30 et 19h-22h30 ; C Place-Paul-Doumer)

Prendre un verre

L'Eau Chaude SALON DE THÉ- BOUTIQUE

200 PLAN VERSO C4

Pour un thé, une infusion, un chocolat chaud, un *chaï latte* ou un jus de fruits, avec une délicieuse pâtisserie maison bien sûr (cookies, moelleux au chocolat, *banana cake*...). Le petit espace boutique de créateurs français ajoute à son charme, avec à la vente bijoux, déco, vêtements et accessoires faits main. Un lieu dans l'air du temps, où l'on prend... son temps. (05 54 69 69 93 ; www.leauchaude.com ; 88 rue Notre-Dame ; mar-mer 13h-17h, jeu-dim 10h-19h ; B Chartrons, C Place-Paul-Doumer)

The Golden Apple

PUB

201 PLAN VERSO C3

Le doyen des pubs bordelais se porte bien ! On y vient pour croquer des chips fromage-oignon, en buvant une pinte de Newcastle Brown Ale ou de Kilkenny... et pour la retransmission des matchs de rugby. (05 56 79 03 85 ; www.golden-apple.fr ; 46 rue Borie ; mar-ven 11h30-15h et 18h-1h30, sam 18h-1h30 ; B Chartrons)

La Conserverie-Converserie

BAR À VIN

202 PLAN VERSO B5

On aime le joli patio pour un verre de vin accompagné de tartines ou un délicieux soda *made in Bordeaux*. Un lieu paisible à la déco bohème. Livres à disposition. (05 56 81 49 17 ; www.laconserverie-bordeaux.com ; 18 rue Notre-Dame ; mar 17h-22h30, mer-sam 12h-22h30 ; B CAPC)

Symbiose

BAR À COCKTAIL

203 PLAN VERSO C4

Un restaurant (dont la créativité a fait sa réputation) qui passe en mode bar à cocktail le soir venu. Si vous n'arrivez pas à choisir entre les breuvages classiques et les créations, laissez-vous guider par les conseils du barman. Carte de tapas, qui donnent un aperçu de la cuisine que vous pourrez tester en privilégiant le midi pour un menu (23 €) d'un très bon rapport qualité/prix. (05 56 23 67 15 ; www.symbiose-bordeaux.com ; 4 quai des Chartrons ; mar-sam 19h-1h ; B CAPC)

Molly Malone's

PUB IRLANDAIS

204 PLAN VERSO D3

Face au skatepark (ci-contre), ce pub *made in Ireland* réserve un bel accueil. Lorsqu'il n'y a pas de retransmission de foot, on vient y apprécier un cidre pression tout en découvrant le pays du trèfle à travers les livres mis à disposition des clients. On peut également y manger burgers et *fish and chips*, démesurément gros. Accueille aussi des concerts de jazz. *Happy hour* 17h-19h. (05 57 87 06 72 ; mollys.fr ; 83 quai des Chartrons ; tlj 10h30-2h ; B Chartrons)

Bordeaux Beer Factory (BBF)

BRASSERIE

205 PLAN VERSO C3-D3

Une brasserie artisanale au cœur des Chartrons... N'est-ce pas de la provocation ? Paul et Nico organisent des dégustations, des visites et des ateliers de brassage, des expositions et des soirées à thème. Mais le mieux est encore de fréquenter le bar de ce repère d'amateurs pour goûter la gamme des six bières maison, plus les éphémères...sans compter les grignotages pour l'apéro ! (05 57 87 84 09 ; 64 rue Borie ; jeu-sam 17h-22h ; B Chartrons).

Shopping

Village Notre-Dame ANTIQUITÉS

206 PLAN VERSO B4

Dans une ancienne imprimerie, cette grande galerie d'antiquités réunit une trentaine de stands, sur deux niveaux. Innombrables meubles, tableaux et autres objets de décoration, les plus anciens datant du XVIIe siècle. (05 56 52 66 13 ; 61-67 rue Notre-Dame ; lun-sam 10h-12h30 et 14h-19h ; B CAPC ou C Place-Paul-Doumer)

Gastronomie des Pyrénées PRODUITS DU TERROIR

207 PLAN VERSO B4

Lionel Cuvier nous soigne aux petits oignons, avec des produits de très belle qualité : agneau et fromage basques, charcuterie de la vallée des Aldudes, porc noir de Bigorre, saumon de la Maison Barthouil, à Peyrehorade. Une étape incontournable pour un shopping gourmand ! (05 56 52 87 59 ; www.gastronomie-pyrenees.fr ; 12 cours Portal ; lun-jeu 8h30-13h30 et 15h-19h30, ven-sam 8h30-19h30 ; C Place-Paul-Doumer)

Cafés Régus TORRÉFACTEUR

208 PLAN VERSO B4

Sans doute le café au comptoir le moins cher (et le meilleur !) du quartier : 1 €. Une adresse d'habitués qui passent prendre l'expresso du matin. Café torréfié sur place, capsules et autres machines vous attendent. (05 56 52 97 91 ; www.cafesregus.fr ; 6-8 cours Portal ; lun-ven 8h-18h30, sam 10h-13h et 15h30-18h30 ; C Place-Paul-Doumer)

Librairie Olympique LIVRES

209 PLAN VERSO B4

Elle tient bon, la librairie historique du quartier ! Et c'est tant mieux tant l'accueil y est toujours de caractère, les conseils avisés et les vitrines d'une belle poésie : le genre a d'ailleurs ici toute sa place. (05 56 01 03 90 ; www.libolympique.poesiebordeaux.fr ; 23 rue Rode ; lun 15h-19h30, mar-sam 10h-12h30 et 15h-19h30 ; C Place-Paul-Doumer)

Sports et activités

Roller Skatepark GLISSE

210 PLAN VERSO D3

Quatre aires ouvertes à tous (1250 m²) et une fresque monumentale de Georges Bouey. Skates et BMX bienvenus. Les débutants ont leur espace dédié. Le skatepark devrait être entièrement rénové en 2022 pour servir de lieu d'entrainement aux athlètes se préparant pour les Jeux olympiques de 2024. (quai des Chartrons, niveau n°s 79 et 89 ; accès libre ; tlj 9h-22h ; protections et casque obligatoires ; B Chartrons)

Explorer

Les Bassins à flot et Bacalan

Cette ancienne zone portuaire a vu son visage changer avec la construction du pont Chaban-Delmas, puis celle de la Cité du vin, des Halles de Bacalan et, aujourd'hui, l'installation des Bassins de Lumières dans l'ancienne base sous-marine. Désormais, on vient aux Bassins à flot pour se promener, se cultiver, faire la fête sur des péniches… et mesurer la métamorphose incessante.

Notre sélection

- ***La Cité du vin (p. 124)*** *Un lieu dédié au vin sous tous ces aspects, d'ici et d'ailleurs.*
- ***Les Bassins de Lumières (p. 126)*** *Une immersion dans de grandes expositions numériques à l'intérieur d'une base sous-marine.*
- ***Cap-Sciences (p. 127)*** *Les savoirs scientifiques, techniques et industriels pour petits et grands.*
- ***Le Vaisseau spatial (p. 128)*** *Insolite ! Une soucoupe volante géante à l'entrée du bassin n° 1.*
- ***Les Halles de Bacalan (p. 128)*** *De quoi satisfaire toutes les envies gourmandes !*

Comment y aller et circuler

Vélos en libre service aux stations V^3 Bassins-à -Flot, Cité-du-Vin, Rue-Achard, Rue-Lucien-Faure, Musée Mer-Marine.

La ligne B du tramway dessert les stations Bassins-à-Flot et Bacalan.

Lignes de bus 7, 45, 32 et TBNight.

Les navettes fluviales Bat^3 rejoignent Les Hangars et la Cité du vin, depuis la rive droite (station Stalingrad) et les Quinconces.

Grue au bord des Bassins à flot

Les incontournables

La Cité du vin

Inaugurée en 2016, la Cité du vin a rencontré un succès immédiat. Il faut dire que l'architecture du bâtiment y a participé grandement. Tout en rondeur et mouvement, il épouse les contours de la Garonne, et sa teinte champagne joue à merveille avec la lumière. À l'intérieur, l'exposition permanente, les ateliers, la programmation et la terrasse panoramique à 360° composent un gouleyant bouquet.

PLAN VERSO K4

05 56 16 20 20

www.laciteduvin.com

134 quai de Bacalan

Tarif plein/réduit 21/16,80/9 €/gratuit

tlj 10h-18h

B Cité-du-Vin ou Bat[3] Cité-du-Vin

Le belvédère

C'était l'un des points les plus importants du cahier des charges : offrir aux visiteurs un point de vue à 35 m de hauteur. Au 8e étage de la Cité, voici donc ce belvédère circulaire imaginé par les architectes Anouk Legendre et Nicolas Desmazières, de l'agence XTU. Un verre à la main (la dégustation est comprise dans le billet d'entrée), on peut visualiser l'histoire industrielle du quartier et en saisir les changements en cours. Tout en profitant d'un panorama superbe de Bordeaux.

Le parcours permanent

Une fois au 2e étage, vous serez équipé d'un casque, compagnon de visite indispensable pour déclencher les nombreux modules interactifs du parcours. Après, à vous de jouer dans le foisonnement des propositions qui s'étendent sur 3000 m². L'approche est internationale (pas question de ne parler que du vin de Bordeaux) et thématique, avec un focus sur les civilisations et les cultures (vendanges, vinification, routes fluviales du vin, portraits de vignerons, vin et divin, nouvelles tendances, figures littéraires, etc.). Le film survolant les vignobles du monde entier est superbe. D'autres dispositifs sont parfois plus complexes d'approche. Ne serait-ce qu'en raison des visiteurs, souvent nombreux.

La cave-bibliothèque

Rien que pour le plaisir des yeux, passez la tête au rez-de-chaussée dans la superbe cave à vins du **Latitude 20** (✆ 05 64 31 05 50 ; www.latitude20.fr ; tlj 10h-18h30), qui réunit près de 800 références issues du monde entier. Même sans manger ou déguster un verre de vin, faites-en au moins le tour.

★ À savoir

- Le week-end, possibilité d'**ateliers** (à partir de 17 €)
- D'avril à fin août, la Cité du vin ouvre jusqu'à 19h.
- Avec le City Pass, l'entrée est gratuite avant 12h puis coûte 5 €.
- Deux grandes expos ont lieu chaque année.
- Consultez l'agenda en ligne (rencontres, concerts, projections...).

Une petite pause ?

Pour la vue panoramique, direction le 7e étage, où **Le 7** (✆ 05 64 31 05 40 ; www.le7restaurant.fr ; tlj 10h-23h) propose en semaine un plat du jour à 19 € et une formule plat et dessert du jour à 26 €. Sinon, traversez le quai pour les **Halles de Bacalan** (p. 128).

Voir

Base sous-marine

ART CONTEMPORAIN

211 PLAN VERSO I1

Les Allemands ont construit cette base sous-marine pendant l'Occupation, de septembre 1941 à octobre 1942. Vaste masse de béton d'une superficie de 45 000 m², elle abrite 11 alvéoles qui, pour partie, accueillent des expositions d'art contemporain programmées par la ville de Bordeaux. Il n'y a pas de visite libre ou guidée, la base n'est ouverte que pour les expositions temporaires. Un programme de travaux est actuellement en cours. La base doit rouvrir en avril 2022. (05 56 11 11 50 ; www.bordeaux-tourisme.com ; boulevard Alfred-Daney ; tarif plein/ réduit 5/3 €, gratuit avec CityPass ; mar-dim 13h30-19h, fermé jours fériés et hors expo ; C Place-Ravezies puis Liane 9 ou 32 arrêt Latule)

Bassins de Lumières

EXPOSITIONS IMMERSIVES

212 PLAN VERSO I1

Après Les Baux-de-Provence et Paris, la société Culturespaces a investi une partie de la base sous-marine avec sa formule à succès de centre d'art numérique. La surface est inégalée : 4 bassins en eau, qui permettent de présenter des expositions en simultané (un espace est ainsi dédié aux artistes contemporains). Le concept reste lui identique,

Le musée Mer Marine

celui de grandes expositions numériques pour s'immerger dans l'univers d'artistes célèbres (Klimt, Van Gogh, Paul Klee, etc.). L'expérience se veut à la fois visuelle et sonore. Pour ne pas attendre, pensez à la billetterie en ligne. (05 35 00 00 90 ; www.bassins-lumieres.com ; impasse Brown de Colstoun ; adulte/6-25 ans 13,50/9 €, gratuit -5 ans et avec CityPass ; avr-sept tlj 10h-19h, et jusqu'à 21h ven-sam, oct-mars tlj 10h-18h, et jusqu'à 19h ven-sam ; C Place-Ravezies puis Liane 9 ou 32 arrêt Latule)

Musée Mer Marine

HISTOIRE MARITIME

213 PLAN VERSO K2

Installé dans un nouveau bâtiment entre la Cité du Vin et la base sous-marine, ce musée privé, certes un peu cher (sauf à prendre le CityPass), raconte le Bordeaux maritime mais plus encore l'histoire de la navigation, marquée notamment par le fameux traité de Tordesillas qui signa la suprématie de l'Espagne sur le Portugal concernant les terres du Nouveau Monde. L'espace contemporain, les maquettes suspendues et les objets bien choisis composent un agréable parcours d'exposition. Le dernier étage, sur l'art au service des océans, est moins convaincant. (05 57 19 77 73 ; www.mmmbordeaux.com ; 89 rue des Étrangers ; tarif plein/réduit 14/10 €, gratuit avec CityPass ; mar-ven 13h-19h, sam-dim 10h30-19h ; B Rue-Achard)

Les Vivres de l'Art

LIEU D'ART

214 PLAN VERSO L4

C'est dans les magasins de vivres de la marine royale, datant du XVIIIe siècle et classés aux monuments historiques, que le sculpteur Jean-François Buisson a choisi de s'installer et de mener un projet artistique singulier et partageur. Ateliers, galerie, résidence d'artistes, place publique... Ce lieu transdisciplinaire accueille des expositions, des concerts (les soirées électros du collectif tplt), des performances. Le mieux est de suivre l'agenda en ligne ! (www.lesvivresdelart.org ; 4 rue Achard ; mar-ven 14h-18h, week-end et jours fériés selon événements ; B Rue-Achard)

Cap Sciences

SCIENCES

215 PLAN VERSO J5

Au bord de la Garonne, ce musée interactif a pour vocation de diffuser les savoirs scientifiques, techniques et industriels auprès des enfants et des adultes. Nombreux ateliers et animations pour les plus jeunes sur des thèmes aussi divers que la cuisine moléculaire et la photographie. (05 56 01 07 07 ; www.cap-sciences.net ; Hangar 20, quai de Bacalan ; tarif plein/réduit et CityPass 9/6,50 €, planétarium 5 €, carré 3-6 ans 7 €, ateliers 13 € ; mar-ven 14h-18h, sam-dim 14h-19h, en semaine dès 11h pendant les vacances scolaires zone A ; B La-Cité-du-Vin)

Un “vaisseau spatial” posé à flot

Elle s'est posée à l'été 2018 à l'entrée des Bassins à flot pour symboliser leur renaissance. Cette sculpture monumentale de la Britannique Suzanne Treister, dénommée le *Vaisseau spatial*, a suscité quelques polémiques avant même sa livraison, dans un quartier qui a subi l'occupation allemande. C'est en apercevant les épaves des navires sabordés par la marine allemande en août 1944 qui affleurent à marée basse que l'artiste a eu l'idée de cette soucoupe en Inox positionnée au-dessus de l'eau. Il faut imaginer son “vaisseau spatial” comme la métamorphose de l'une de ces épaves. (face au Hangar G2, quai Armand-Lalande ; B La Cité-du-Vin)

Pont Chaban-Delmas

URBANISME

216 PLAN VERSO K5

C'est le 5e pont enjambant la Garonne à Bordeaux, avant le futur pont Simone-Veil qui la franchira en 2024 au niveau de la Méca (p. 96). Depuis le site des Bassins à flot, on peut ainsi accéder à la rive droite, un passage étant réservé aux piétons et aux vélos, et s'offrir une vue imprenable sur la Garonne. Long de 433 m et haut de 77 m, ce pont levant est doté d'un tablier pour laisser passer les grands bateaux. Éclairé la nuit, il est alors très photogénique ! (B La-Cité-du-Vin)

Arrêt sur l'Image

GALERIE

217 PLAN VERSO K2

Guettez la programmation de cette galerie installée dans un ancien chai aux lignes contemporaines. Même si la photographie reste la grande affaire de sa directrice, Nathalie Lamire Fabre, elle cadre aussi plus large, vers la peinture et la gravure. (05 35 40 11 05 ; arretsurlimage.com ; 45 cours du Médoc ; mar-sam 14h30-18h30 ; B Cours-du-Médoc)

Se restaurer

Les Halles de Bacalan

HALLE GOURMANDE €

218 PLAN VERSO K4

Face à la Cité du vin, ces halles ont bien vite séduit les Bordelais : il vaut mieux arriver tôt pour espérer trouver un comptoir libre. À l'Échoppe des Halles, près de l'écailler, optez sans sourciller pour la savoureuse planche d'entrecôte à la bordelaise. Ou demandez à faire cuire votre pièce de viande achetée chez le boucher à côté. Entre tapas, huîtres, épicerie italienne et foie gras des Landes (de la Maison Paris), il y a de quoi satisfaire toutes les envies gourmandes. (05 35 54 44 82 ; biltoki.com/hallesbacalan ; 10 esplanade de Pontac ;

⌚mar-mer 8h-14h30 et 16h30-21h, jeu-sam 8h-23h, dim 8h-16h ; 🚊B La Cité-du-Vin)

5ème Quartier VIANDES ET ABATS €€

219 PLAN VERSO L2

Le nouveau repère pour les amateurs d'abats et autres délicieuses pièces du boucher ! Outre l'accueil – tout sourire –, les assiettes sont généreuses et savoureuses. Selon son appétit, on optera pour l'un des deux plats du jour (une viande ou un abat, tagliatelles au chorizo ou tricandilles, par exemple), ou pour un classique tel que le foie de veau poêlé, la langue de bœuf braisée ou la salade d'oreille de cochon. Végétariens, s'abstenir ! (📞 05 57 89 53 05 ; 115 rue Achard ; plat du jour le midi 15 €, plats 22-25 € ; ⌚mar-mer et dim 12h-14h, jeu-ven 12h-14h et 19h-22h30, sam 19h-22h30 ; 🚊B New-York)

Bar de la Marine BAR, TERRASSE-JARDIN €€

220 PLAN VERSO L3

Dès les beaux jours, ce bar-troquet ouvre son jardin, pour un repas entre figuiers et lilas des Indes. La cuisine est sans prétention et préparée avec des produits de choix : épaule d'agneau confite, risotto de coquillettes, chipirons a la plancha... Brunch le dimanche. (📞05 56 50 58 01 ; www.frederic-coiffe.com/le-restaurant-1 ; 28 rue Achard ; formules 15-19 €, plats 10-21 € ; ⌚lun-ven 9h-18h, dim 11h30-15h ; 🚊B Rue-Achard)

CORALIE MODSCHIEDLERY ©

Produits gourmands aux Halles de Bacalan

Sortir

I.Boat SOIRÉES FESTIVES

221 PLAN VERSO J3

À la fois bar, resto, salle de concerts et club, l'I.Boat a joué les précurseurs en s'amarrant dès 2011 aux Bassins à flot. Depuis, son rôle de navire amiral des nuits de Bacalan ne se dément pas grâce à une programmation éclectique et pluridisciplinaire (scène alternative, pop, rock, électro, arts visuels et numériques). La dernière nouveauté ? Blonde Venus, un espace culturel atypique dans une ancienne salle de bal montée sur le quai à côté du bateau. Au programme : concerts, ciné-club, ateliers, brocantes et événements en tout genre dans

Blonde Venus, la nouvelle salle de l'I.Boat

une ambiance super conviviale. Par beau temps, on profite du pont inférieur et de la vue. (05 56 10 48 35, restaurant 05 56 10 48 37 ; www.iboat.eu ; bassin à flot n° 1, cours Henri-Brunet ; Aperoboat 19h, concerts 19h30-23h, club 23h30-6h, voir la programmation en ligne, restaurant midi lun-ven, soir mar-sam ; B La Cité-du-Vin)

La Dame

RESTAURANT-CLUB

222 PLAN VERSO J3

Cette autre péniche amarrée aux Bassins à flot est un lieu couru pour faire la fête. Comme à l'I.Boat, on peut y manger, dans une déco tendance Art déco. (05 57 10 20 50 ; www.ladamebordeaux.com ; 1 quai Armand-Lalande, bassin à flot n° 1 ; club jeu-sam à partir de minuit, restaurant midi lun-ven, soir mer-sam ; B La Cité-du-Vin)

Le Garage Moderne

LIEU CULTUREL ALTERNATIF

223 PLAN VERSO K3

Un vrai garage de mécanique auto, associatif et participatif, aménagé dans une ancienne raffinerie d'huile. Mais aussi un lieu d'art (expos, théâtre, projections...). Unique ? Sans aucun doute. (05 56 50 91 33 ; www.legaragemoderne.org ; 1 rue des Étrangers ; lun-ven 9h-12h et 14h-18h, le soir selon programme ; B Rue-Achard)

Shopping

Bord-eau Village

ARTICLES DÉMARQUÉS

224 PLAN VERSO F2

Une trentaine de magasins dans cinq hangars des quais, avec des articles de marque (linge de maison, vêtements, meubles design...) à prix réduits. (05 57 87 30 08 ; www.bord-eau-village.com ; hangars nos 15 à 19, quai des Chartrons ; mar-dim 10h-19h ; B Cours-du-Médoc ou Les Hangars)

Distillerie Moon Harbour

WHISKY BORDELAIS

HORS PLAN VERSO I2

Du whisky 100% bordelais au pays du vin : l'orge est local, les alambics aussi, le vieillissement se fait dans des barriques de grands crus de vins de Bordeaux, et le chai prend place dans un ancien bunker. La boutique organise aussi, sur réservation, d'instructives visites-dégustation. (05 56 29 86 60 ; www.moonharbour.fr ; 492 boulevard Alfred-Daney ; visites 15 €, gratuit avec le CityPass ; mar-sam 10h-13h et 14h-18h ; B Brandenburg)

Le Garage Moderne, garage et lieu d'art

Sports et activités

Wave Surf Café

SURF INDOOR

HORS PLAN VERSO D1

Surfer pendant la pause déjeuner à Bordeaux ? C'est possible. Ici, les novices apprennent à maîtriser les vagues et les champions s'entretiennent. Ça ne vaut pas l'océan, mais l'expérience est agréable. On peut même prendre un verre et grignoter des tapas. (09 83 29 67 74 ; bordeaux.wave-surf-cafe.fr ; 170 cours du Médoc, galerie Tatry ; session 1 heure 25 € ; lun 17h-20h, mar et jeu-ven 11h-14h30 et 16h30-20h30, mer 11h-20h30, sam 10h30-20h30, dim 10h30-19h ; C Grand-Parc)

Bat³ (BatCub)

MINI-CROISIÈRES

225 PLAN VERSO F3 ET K5

Pour approcher la Cité du Vin en bateau et profiter de beaux points de vue depuis le fleuve, embarquez aux Quinconces ou, sur la rive droite, à Stalingrad. Et si vous voulez prolonger la croisière, sachez que la navette fluviale – qui fait partie du réseau de transport public de la ville – va jusqu'à Lormont. (05 57 57 88 88 ; infotbm.com ; ticket 1,70 €, 3 € à bord, gratuit avec CityPass ; lun-ven 7h30-19h30, sam-dim 9h-20h15 ; ponton La Cité-du-Vin)

Explorer

Du Jardin public à Saint-Seurin

Ce secteur résidentiel, à l'écart des circuits traditionnels de visite, dissimule bien son jeu : de part et d'autre de la rue Fondaudège – une artère commerçante qui a su tirer parti de l'arrivée d'une nouvelle ligne de tramway en 2020 – se cachent des rues bordées de maisons cossues et de beaux hôtels particuliers.

Notre sélection

- ***Le Jardin public (p. 134)*** *Un vaste jardin de style anglais, poumon vert de la ville, et son voisin, le Muséum de Bordeaux entièrement rénové (p. 138).*
- ***La basilique Saint-Seurin (p. 136)*** *Un joyau d'architecture, berceau du christianisme bordelais.*
- ***Piscine judaïque – Jean Boiteux (p. 142)*** *Pour les amateurs de longueurs, un bassin Art déco.*
- ***L'Institut culturel Bernard-Magrez (p. 139)*** *Rendez-vous au château avec l'art contemporain.*

Comment y aller et circuler

Vélos en libre service aux stations V^3 Jardin-Public, Palais-Gallien, Saint-Seurin.

La ligne B du tramway dessert la station Quinconces, la ligne C mène à la station Jardin-Public et la D conduit à la station Fondaudège-Muséum.

Lignes de bus 12 et 26 (Jardin-Public), 2, 3 et 16 (Saint-Seurin).

Parking allées de Chartres.

Les pelouses du Jardin public (p. 134) CORALIE MODSCHIEDLER ©

Les incontournables

Le Jardin public

Ses péristyles et ses pelouses, son jardin botanique et son cours d'eau font de ce grand parc un délice du genre. Aménagé à l'initiative de l'intendant Tourny et achevé en 1746, il comprenait à l'origine une école d'équitation et un espace dédié au jeu de paume. Il fut réaménagé dans un style anglais au XIXe siècle. Très prisé des Bordelais, ce vaste espace est un poumon vert en cœur de ville.

PLAN D2

Cours de Verdun

tlj à partir de 7h, fermeture selon saison

C Jardin-Public

Le coin des petits et des grands

Les pelouses du Jardin public sont un vaste terrain de jeu et de détente. On y emmène les enfants observer les cygnes, les oies et les canards, faire un tour de **manège** ou assister au **spectacle de Guignol** (06 89 18 88 18 ; www.guignolguerin.fr ; sept-juin mer, sam, dim et vacances scolaires 15h30 ; 25 min ; près de l'entrée cours de Verdun). Le fameux bateau-promenade "Le Petit Mousse", en service de 1893 à 2005, a aussi fait son grand retour en juillet 2021 sous un nouveau nom : "Va, Petit Mousse". (10h-12h30 et 13h-18h tlj vacances scolaires, mer, sam et dim hors vacances ; 3,50 €)

Jardin remarquable de France

Le Jardin public s'étend sur 10,8 ha. Conçu à l'origine par Ange-Jacques Gabriel comme un jardin à la française, il fut redessiné en 1858 par le paysagiste bordelais L. B. Fischer dans un style anglais. Labellisé "Jardin remarquable de France", il abrite une trentaine d'espèces végétales exceptionnelles. Parmi ses autres éléments notables figurent les deux grilles en fer forgé classées monuments historiques, trois ponts, les statues érigées sur les terrasses (dont celle de l'artiste peintre Rosa Bonheur, par Gaston Veuvenot Leroux), les balustres entourant ces terrasses, l'hôtel de Lisleferme, édifié par Bonfin en 1781, qui accueille le **Muséum de Bordeaux** (p. 138), et un bâtiment de 1858, qui sert aux gardes et aux jardiniers.

Le Jardin botanique

Le **Jardin botanique** (place Bardineau ; mêmes horaires que le Jardin public) fut à l'origine créé pour les médecins et les apothicaires. Il occupa plusieurs sites au XVIIIe siècle avant d'être transféré dans l'enceinte du Jardin public en 1858. Ses grandes serres furent détruites dans les années 1930, mais il a su conserver son charme.

★ À savoir

- Vous trouverez des QR codes un peu partout dans le jardin qui vous permettront d'en savoir plus, grâce à votre Smartphone, sur les plantes, les arbres et les oiseaux.
- Un autre jardin botanique a ouvert ses portes sur la rive droite en 2003 (p. 147).

Une petite pause ?

Repartez par l'entrée sur le cours de Verdun et craquez pour un sandwich gourmand chez **Bread Storming** (p. 116). Autre option : un menu gourmand du midi d'un excellent rapport qualité/prix à la table de **Mets Mots** (p. 140), en passant cette fois par l'entrée de la place Bardineau.

Les incontournables

La basilique Saint-Seurin

Plus austère et plus massive que les autres édifices religieux de la ville, cette église n'en est pas moins un joyau d'architecture. Située sur le chemin de Saint-Jacques-de-Compostelle, elle est inscrite depuis 1999 au patrimoine mondial de l'Unesco. Des fouilles réalisées en 1910 révélèrent une nécropole aux sépultures superposées. Ces dernières, datées du IVe au XVIIIe siècle, font du site de Saint-Seurin le probable berceau du christianisme bordelais.

PLAN A4

05 56 48 22 08

saintseurin.info

Place des Martyrs-de-la-Résistance

mar-dim 8h30-19h

2 ou 3 Saint-Seurin

D Fondaudège-Muséum

Bâtiment principal

La construction de la basilique remonterait au VIe siècle. Toutefois, les éléments les plus anciens visibles aujourd'hui, de style roman, datent du XIIe siècle (notamment les chapiteaux du porche occidental).

À l'intérieur, les piliers de la nef frappent par leur allure massive. Seule la **chapelle Notre-Dame-de-Bonne-Nouvelle** a gardé son aspect originel, du XIVe siècle (la Vierge en albâtre, colorée, date aussi de cette époque). Dans le chœur, remarquez notamment le sarcophage de saint Seurin, au centre, la chaire épiscopale en pierre ciselée et les 32 stalles en bois sombre. À gauche du chœur, la **chapelle Notre-Dame-de-la-Rose** (XVe siècle) est un superbe exemple d'ornementation de style gothique flamboyant : notez la finesse des sculptures, des clés de voûte et du retable (XVe siècle) en albâtre blanc.

La crypte de la basilique

Cette crypte aurait servi de mausolée à la première église de Bordeaux. Elle renferme des sarcophages mérovingiens en marbre des Pyrénées, le tombeau de saint Fort et un étonnant autel taurobolique du IIe siècle. Au Moyen Âge, elle était une étape du pèlerinage de Saint-Jacques-de-Compostelle.

La nécropole

Au temps des premiers chrétiens, une nécropole s'étendait sur tout l'espace aujourd'hui occupé par la place des Martyrs-de-la-Résistance. Le **site paléochrétien de Saint-Seurin** (tarif plein/réduit 5/3,50 €, gratuit avec le CityPass ; tlj 13h-18h juin-sept) en est un vestige. On peut y observer un ensemble de sarcophages, dont les plus anciens remontent au IVe siècle, ainsi que des fresques paléochrétiennes. Des sarcophages en pierre ou en marbre, ainsi que des amphores dans lesquelles étaient inhumés des enfants, ont conservé leur place initiale.

★ À savoir

- Des **visites guidées gratuites** sont organisées à la demande par l'association Ars et Fides (06 83 50 93 85).
- En juillet et août, des **visites nocturnes** du site archéologique sont organisées à 21h30 par l'office du tourisme (05 56 00 66 00 ; www.bordeaux-tourisme.com ; tarif plein/réduit 5/2,50 €, gratuit -12 ans) .
- Selon la légende, les cœurs des preux de Charlemagne auraient été enterrés dans la nécropole.

Une petite pause ?

À quelques rues de là, **Lichen** (p. 140) propose une cuisine de cantine bio adaptée aux petits et grands appétits, avec de belles assiettes et des pâtisseries maison.

Voir

Muséum de Bordeaux

HISTOIRE NATURELLE

226 PLAN C2

Malgré la rénovation du Muséum, l'éléphante Miss Fanny accueille toujours les visiteurs. Au 2e étage, des médiateurs en blouse blanche prennent le relais dans la belle galerie de l'exposition permanente. La mise en scène des 4000 spécimens d'insectes et d'animaux naturalisés est superbe et variée : ici, pas d'empilement fastidieux mais un classement thématique. Au plafond, on admire un squelette de baleine bleue. Au centre, une girafe et un ours polaire nous font de l'œil. Le Muséum organise aussi des expositions temporaires, et un espace est dédié aux moins de 6 ans. (05 24 57 65 30 ; www.museum-bordeaux.fr ; 5 place Bardineau ; tarif plein/réduit 7/4 € et 5/3 € hors expositions temporaires, gratuit -6 ans, 1er dim du mois hors juil-août et avec CityPass ; mar-dim 10h30-18h avr-sept, 10h30-17h30 oct-mars ; C Jardin-Public, D Fondaudège-Muséum)

Palais Gallien

VESTIGES GALLO-ROMAINS

227 PLAN B2

Ce "palais" est la principale trace visible de l'antique Burdigala : il s'agit des vestiges d'un amphithéâtre gallo-romain, qui aurait été construit au IIIe siècle en hommage à l'empereur Gallien.

Vestiges du palais Gallien

Il ne reste que quelques arcades alternant pierres et briques, sur deux niveaux, de ce qui fut un monument aux dimensions imposantes qui pouvait accueillir 15 000 spectateurs. Bien que modestes, ces ruines dégagent une atmosphère romantique, surtout de nuit lorsque le site est éclairé. On peut les observer depuis la rue du docteur Albert-Barraud et la rue du Colisée – pour deux points de vue différents qui se complètent bien sur la porte du Couchant. (rue du Docteur Albert-Barraud ; visite guidée 3 €, gratuit avec CityPass ; visite guidée tlj juin-sept à 10h30 et 15h30, sur réservation auprès de l'office du tourisme ; D Fondaudège-Muséum)

Les allées Damour

Les allées Damour, comme s'appelait à l'origine la place des Martyrs-de-la-Résistance, ne faisaient aucunement référence à une belle histoire romantique : Damour était le nom d'un chanoine de Saint-Seurin qui, en 1692, aurait fait aménager la place. Auparavant, cette dernière était en grande partie occupée par le cimetière.

Institut culturel Bernard-Magrez ART CONTEMPORAIN

HORS PLAN A1

Cet institut dévolu à l'art moderne et contemporain et à la création artistique loge au château Labottière, propriété de Bernard Magrez, homme d'affaires qui détient de grands vignobles. Outre des expositions, souvent de très belle facture (trois dans l'année en moyenne), des rencontres, concerts et conférences y sont organisés. L'institut accueille également des résidences d'artistes. Des ateliers créatifs ouverts à tous les publics sont proposés le samedi à 15h, sur réservation. (05 56 81 72 77 ; www.institut-bernard-magrez.com ; 16 rue de Tivoli ; tarif plein/réduit et avec CityPass 8/6 €, gratuit -12 ans et 1er dim du mois ; sam-dim 13h-18h, visites guidées sam 16h30 et dim 15h et 16h30 ; D Barrière-du-Médoc)

Marché de Lerme EXPOSITIONS

228 PLAN A2

Dessiné au XIXe siècle par Charles Burguet, ce marché couvert fut longtemps central dans la vie du quartier. Aujourd'hui, l'édifice en fonte, zinc et verre est utilisé par la mairie comme salle d'expositions. (place de Lerme ; gratuit ; selon expo ; D Croix-de-Seguey)

Hôtel Frugès HÔTEL PARTICULIER

229 PLAN A5

Industriel ayant fait fortune dans le sucre, Henry Frugès est connu à Bordeaux et aux alentours pour deux projets totalement opposés : l'hôtel Frugès place des Martyrs-de-la-Résistance d'une part, la Cité Frugès, à Pessac, d'autre part. Si le second est un quartier ouvrier, le premier était destiné à accueillir sa famille et afficher sa position sociale. En 1912, cet artiste contrarié achète l'ancienne maison Daverne et fait appel aux meilleurs artisans de l'époque pour mettre en forme ses souhaits. Sous la houlette de l'architecte bordelais Pierre Ferret, sculpteurs, peintres, ferronniers, céramistes ou encore maîtres-verriers font naître un somptueux écrin où se mêlent Art nouveau, Art déco et éléments orientalistes. (63 place des Martyrs-de-la-Résistance ; sur réservation auprès de l'office du tourisme, à partir de 12 € ; 2 ou 3 Saint-Seurin, D Fondaudège-Muséum)

Se restaurer

Lichen

CANTINE BIO **€€**

230 PLAN C5

Cuisine créative et déco naturelle caractérisent ce petit restaurant qui n'a pas froid aux yeux. On y savoure des plats de saison qui font la part belle aux produits bio et locaux et changent chaque semaine. Options végétariennes et végans toujours au menu, savoureux desserts maison et brunch gourmand du week-end complètent le tableau. (09 86 15 02 20 ; www.lichenbordeaux.com ; 32 rue du Palais-Gallien ; plats midi 13,50-14 €, menus soir 17-32 €, brunch 22 € ; lun-mer 12h-15h, jeu-ven 12h-15h et 19h-23h, sam 10h30-15h et 19h-23h, dim 10h-15h ; B Gambetta-MADD).

Gravlax de saumon chez Lichen

Mets Mots

CUISINE DE SAISON **€€**

231 PLAN B2

Le jeune chef Léo Forget s'est vite imposé dans le paysage bordelais avec sa cuisine de saison inventive et sans chichis. On se sent bien dans ce néo-bistrot installé dans une ancienne imprimerie. Le menu du midi est d'un excellent rapport qualité-prix. (05 57 83 38 24 ; www.metsmots.fr ; 98 rue Fondaudège ; menus midi/soir 20-25/39-45 €, plat midi 15 € ; lun 12h-13h30, mar-ven 12h-13h30 et 19h30-21h30 ; D Fondaudège-Muséum)

Tentazioni

ITALIEN GASTRONOMIQUE **€€€**

232 PLAN B4

Dans cet établissement étoilé au Michelin, on concocte une fine cuisine d'inspiration italienne dans un cadre tendance. Difficile de ne pas céder à la tentation ! Excellent rapport qualité/prix pour le menu du marché, le midi. Quant au menu gastronomique "Au fil des saisons", il peut compter jusqu'à huit plats, selon votre appétit. (05 56 52 62 12 ; www.tentazioni-bordeaux.fr ; 59 rue du Palais-Gallien ; formules midi 29-45 €, menus 80-95 € ; mar-mer 19h30-21h, jeu-sam 12h15-13h et 19h30-21h ; B Gambetta-MADD).

Zéphirine

AUBERGE-ÉPICERIE €€€

233 PLAN B5

Deux raisons de céder à Zéphirine, un restaurant nouvellement installé dans les locaux de feu Garopapilles : c'est à la fois une "auberge urbaine", comme le revendiquent ses propriétaires, et une épicerie fine qui prend la forme d'un comptoir gourmand. Dans un intérieur épuré, Romain Corbière (ancien chef de l'Intercontinental Bordeaux Le Grand Hôtel, qui a longtemps officié aux côtés d'Alain Ducasse) concocte un menu simple et raffiné qui évolue au fil des saisons. Dans une ambiance détendue et conviviale, on prend son temps pour savourer une farandole d'entrées à partager, un plat (viande, poisson ou végan) et un dessert signé Nicolas, l'excellent chef pâtissier. (09 72 45 55 36 ; www.zephirine.fr ; 62 rue Abbé de l'Épée ; menus midi/soir 24-29/49 € ; mar-sam 10h-22h ; B Gambetta-MADD)

Soléna

CUISINE GASTRONOMIQUE €€€

HORS PLAN A5

Cette adresse un peu excentrée mérite assurément le détour, et ce n'est pas pour rien qu'elle a obtenu une étoile au Michelin. Sous la houlette de Victor Ostronzec, l'établissement poursuit sa belle histoire avec une inventivité toujours au rendez-vous. (05 57 53 28 06 ; www.solena-restaurant.com ; 5 rue Chauffour ; formule midi jeu-ven 39 €, sam 68 €, menus 84-98 € ; mar-mer 19h30-21h15, jeu-sam 12h-13h15 et 19h30-21h15 ; 1, 16 Piscine-Judaïque ou A Saint-Bruno/Hôtel-de-Région)

Prendre un verre

The Wine Bar

BAR À VIN

234 PLAN C5

Une belle sélection de vins et des conseils avisés, pour un lieu chic et agréable, dans un hôtel au luxe discret. Les ateliers de dégustation à l'aveugle (35 €, sur réservation) apportent une petite touche ludique. L'été, la cour intérieure est particulièrement paisible et ombragée. (05 56 48 80 40 ; www.the-wine-bar-bordeaux.fr ; Le Boutique Hotel, 3 rue Lafaurie-Monbadon ; mar-sam 17h-minuit ; B Gambetta-MADD)

Oxford Arms

PUB

235 PLAN B5

Un authentique pub anglais avec jeu de fléchettes, bibliothèques bien garnies et drapeaux au plafond... bref, une ambiance chaleureuse. On s'y retrouve entre amis autour d'une pinte, et les plus gourmands ne résistent pas à l'appel d'un bon burger ou du traditionnel *fish and chips*. Retransmissions de matchs. (05 56 51 41 48 ; 9 place des Martyrs-de-la-Résistance ; lun-sam 10h30-2h, dim 17h-1h ; A Mériadeck, B Gambetta)

Shopping

Sport Vintage

VINTAGE

236 PLAN C2

Des maillots de foot et de rugby réédités : que de petits trésors pour les adeptes du ballon version rétro. On peut y dénicher un maillot des Girondins de 1941 ou du Celtic Glasgow de 1915, et même des vestes de survêtement *eighties*. Des années 1950 aux années 1990, de très jolies pièces à l'effigie des clubs du monde entier. (06 68 85 19 98 ; www.sport-vintage.com ; 93 rue Fondaudège ; mar-ven 10h-13h et 15h-19h, sam 14h-19h ; D Fondaudège-Muséum)

Cave Briau

VINS ET SPIRITUEUX

HORS PLAN B1

Une vaste sélection, une large gamme de prix et des conseils justes : tous les ingrédients sont réunis pour une adresse incontournable. Et pour ceux qui voudraient rapporter du vin en caisse, un parking est à disposition. (05 56 79 25 71 ; www.briau.com ; 94 rue David-Johnston ; lun-sam 9h-12h30 et 14h-19h30 ; D Croix-de-Seguey)

Des félidés de charme

Dans le quartier, d'étranges chats surveillent les passants, toujours dans la même posture assise. Ces félins en pierre qui ornent les façades sont l'œuvre de Jean-Jacques Valleton (1841-1916). Sa passion pour les chats incita cet architecte bordelais à orner de félins certaines de ses constructions, à tel point que cela devint sa marque de fabrique. Alors, levez les yeux et soyez aux aguets, au **16 rue Saint-Étienne** (237 Plan A4) et au **109 rue Jean-Soula** (Hors plan A4), de part et d'autre du fronton-horloge du lycée Camille-Jullian, notamment.

Sports et activités

Piscine judaïque – Jean Boiteux

NATATION

HORS PLAN A5

Joyau Art déco, cette piscine inscrite au titre des monuments historiques réunit un bassin de 50 m (toit ouvrant pour l'été et transats à disposition), un autre de 25 m, un solarium, un spa, une pataugeoire et un toboggan pour les enfants. (05 56 51 48 31/

La devanture de Sport Vintage

05 56 51 97 47 ; 164 rue Judaïque ; tarif plein/réduit hors résidents bordelais 5,05/3,60 €, gratuit -3 ans ; infos horaires et fermetures techniques sur www.bordeaux.fr ; A Saint-Bruno-Hôtel-de-Région)

Parc bordelais

ESPACE VERT

HORS PLAN A2

C'est, avec le Jardin public, le parc familial par excellence pour les balades du dimanche. On peut, ici aussi, assister aux **spectacles de Guignol** (06 89 18 88 18 ; www.guignolguerin.fr ; sept-juin mer, sam, dim et tlj vacances scolaires 16h et 17h ; 25 min ; entrées rue Godard ou rue du Bocage). On y trouve en outre de nombreuses attractions pour les enfants, dont des voitures électriques et un petit train, des manèges et même un parc avec des animaux de la ferme. (rue du Bocage ; tlj à partir de 7h, fermeture selon saison ; D Courbet)

FOOD

Explorer

La rive droite

Depuis plusieurs années, les habitants de la Bastide (autre nom de la rive droite) se sentent plus proches du centre historique. Quant à ceux de la rive gauche, ils traversent plus volontiers la Garonne pour rejoindre le quai des Queyries et profiter, notamment, de la promenade ombragée longeant le fleuve, ainsi que de la vue sur l'harmonieux alignement des édifices de leur côté du fleuve : la "façade des quais".

Notre sélection

- ***Le quai des Queyries (p. 146)*** *Une agréable promenade le long de la rive droite de la Garonne.*
- ***Croisières Burdigala (p. 155)*** *Embarquement pour une balade sur le fleuve, le long des quais ou jusqu'à Blaye.*
- ***Pont de Pierre (p. 148)*** *La plus belle vue sur le Bordeaux historique, à la nuit tombée, au pied du pont de Pierre.*
- ***Magasin général (p. 150)*** *C'est beau, c'est bon et c'est bio. Bienvenue au réfectoire de Darwin !*

Comment y aller et circuler

Vélos en libre service aux stations V[3] Stalingrad, Jardin-Botanique, Parc-aux-Angéliques, Darwin.

La ligne A du tramway dessert les stations Stalingrad et Jardin-Botanique.

Lignes de bus 45, 91 et 92.

Liaisons régulières avec la navette fluviale Bat[3] (BatCub) entre les Quinconces ou Les Hangars (rive gauche) et Stalingrad (rive droite).

Darwin (p. 148). CORALIE MODSCHIEDLER ©

Les incontournables

Le quai des Queyries

La rive droite, c'est le Bordeaux du XXIe siècle qui s'invente. Le quartier a bénéficié d'un plan de réaménagement important avec la mise en valeur de la promenade longeant la Garonne et l'ouverture d'un jardin botanique de 11 ha. Les nouveaux immeubles ont été édifiés dans un souci d'harmonisation du paysage urbain. Les projets, de plus en plus nombreux, tendent à redynamiser, encore et toujours, ce secteur longtemps oublié.

PLAN H5

A Stalingrad

Bat[3] (BatCub) depuis les Quinconces

Le parc aux Angéliques

Symbole de la reconquête des berges, cette agréable promenade longe la rive droite de la Garonne à l'emplacement de l'ancien port autonome – comme en témoignent des traces de voies ferrées. Elle part du pont de Pierre et s'achève au pont Chaban-Delmas, dévoilant un panorama inégalé des façades du XVIIIe siècle, de l'autre côté. Progressivement végétalisée – son nom est une référence à l'angélique des estuaires, une plante rare de la famille des apiacées –, elle alterne sur 30 ha pelouses fleuries et espaces arborés. Les arbres sont plantés perpendiculairement au fleuve : fruitiers, saules, peupliers, chênes, merisiers... le paysagiste Michel Desvigne a multiplié les essences. De quoi faire le bonheur des promeneurs et des sportifs ! Aux beaux jours, c'est aussi un rendez-vous de pique-nique très prisé. Jeu de quilles bienvenu !

Le Jardin botanique

Le **Jardin botanique** (☎ 05 56 52 18 77 ; www.jardin-botanique-bordeaux.fr ; esplanade Linné ; accès aux serres et salles d'expo tarif plein/réduit 4/2 €, gratuit -18 ans, 1er dim du mois sf juillet-août et avec CityPass ; 🕒 serres et salles d'expositions mar-dim 11h-18h, jardin extérieur tlj 8h-20h été, 8h-18h hiver ; 🚋 A Jardin-Botanique) de la Bastide est une extension de celui du Jardin public (p. 134). Depuis l'entrée du quai des Queyries, on commence par longer un plan d'eau et des petits bassins où poussent des plantes aquatiques, avant de traverser différentes parcelles illustrant 11 types de paysages naturels du Bassin aquitain, puis une pelouse manucurée, des carrés de végétation aux thèmes variés (plantes aromatiques, plantes à alcool, plantes sucrières, etc.) et un verger. L'ensemble mène à la Cité botanique, où de vastes serres sont dédiées aux espèces propres au climat méditerranéen.

★ À savoir

- Tous les week-ends de 11h30 à midi et de 16h à 17h, **visite** (4 €) du Jardin botanique et des serres. Départ de l'accueil.
- Des **expositions** ont régulièrement lieu à la Cité botanique.
- City-stade (accès libre) au niveau de la rue Reigner ; terrain de basket à proximité du restaurant La Belle Saison.
- De l'autre côté du pont de Pierre, la séquence Deschamps s'inscrit dans le prolongement du parc aux Angéliques, avec une pergola couverte de glycine.
- Une piste cyclable longe les quais. La balade des deux ponts forme une boucle de 6,7 km, passant par le pont de Pierre et le pont Chaban-Delmas.

✕ Une petite pause ?

Aux beaux jours, optez pour un pique-nique ! Sinon, direction le Bistrot-Réfectoire du **Magasin général** (p. 150).

Voir

Pont de Pierre

URBANISME

238 PLAN I7

Jusqu'à l'inauguration du pont, en 1822, rive droite et rive gauche n'étaient pas reliées. Conçu sur l'ordre de Napoléon Ier par les ingénieurs Deschamps – à qui l'on doit le CAPC (p. 112) – et Billaudel, le pont de Pierre fut le premier construit en ville pour traverser la Garonne. Long de 486 m, il possède 17 arches ce qui, d'après la légende, fait référence au nombre de lettres dans "Napoléon Bonaparte". Il est aujourd'hui interdit aux voitures. En revanche, tramway, piétons et cyclistes l'empruntent au quotidien. (rive gauche A, C et D Porte-de-Bourgogne ; rive droite A Stalingrad)

Darwin

LIEU ALTERNATIF

239 PLAN J2

Ils en ont fait du chemin les "darwiniens" depuis qu'ils ont investi l'ancienne caserne militaire Niel ! Au fil des écorénovations, un lieu hybride et alternatif a pris forme, qui a totalement changé le visage de la rive droite. On y vient pour travailler, manger bio ou prendre un verre, faire du sport ou la fête, s'engager, voir un film en plein air, se réchauffer l'hiver autour d'un brasero... Certains diront que l'esprit graff et *street art* recule (ne manquez pas l'allée investie par les graffeurs). Pour autant, Darwin regorge de vie et de projets. Et les relations avec la ville semblent trouver la voie de l'apaisement. (05 56 77 52 06 ; www.darwin.camp ; 87 quai des Queyries ; réservation de visites guidées via l'office du tourisme adulte/enfant 12/6 € ; 45, 91, 92 Hortense, A Stalingrad ou Jardin-Botanique)

Gare d'Orléans

LIEU DE DIVERTISSEMENTS

240 PLAN I6

Inaugurée en 1852, la première gare de Bordeaux fut réalisée à la demande de la Compagnie des Chemins de fer d'Orléans par l'architecte Darru et l'ingénieur Pépin-le-Haleur, pour relier Bordeaux à Paris. Face au fleuve, son corps central était flanqué de deux ailes. Au centre, une grande halle en verre et en fer (démontée en 1940) accueillait les voyageurs. Exemple d'architecture néoclassique, cette gare fut supplantée dès la fin du XIXe siècle par la gare Saint-Jean. Inscrite en partie au titre des monuments historiques, elle accueille aujourd'hui un cinéma et des restaurants. (quai des Queyries ; A Stalingrad)

Fabrique Pola

PÔLE CRÉATIF

HORS PLAN K1

Installé dans une ancienne fabrique de peinture, près du pont Jacques-Chaban-Delmas, ce pôle réunit des talents et savoir-faire variés : sérigraphie, sculpture, photo, édition, etc. L'association Zébra3, qui se positionne depuis vingt ans comme une alternative aux galeries d'art, fait partie des structures résidentes. Guettez la programmation : le lieu s'ouvre volontiers aux expositions, aux ateliers de pratiques artistiques et aux rencontres. À la belle saison, une buvette est de la partie. (05 56 40 62 85 ; www.pola.fr ; 10 quai de Brazza ; mer-dim 15h-19h, nocturnes selon événements ; 45, 91, 92 Quai-de-Brazza)

La Chiffonne Rit

LIEU D'ART

HORS PLAN L5

Un espace partagé pour des artistes et artisans (ferronnerie, menuiserie, design, peinture...) travaillant essentiellement à partir de matériaux de récupération. Des ateliers sont proposés ; café associatif et expositions sur place. (05 24 54 70 47 ; www.lachiffonnerit.com ; 77 rue Reinette ; lun-ven 9h-18h, sam 14h-18h ; A Galin)

Se restaurer

Le Garde Manger

SUR LE POUCE €

241 PLAN J6

De la restauration rapide de qualité ? C'est ce que propose ce garde-manger avec ses bocaux gourmands (entrées, petits plats, desserts...), à savourer sur place ou au bord de la Garonne. C'est fait maison, de saison, et tous les contenants sont en verre consigné. L'équipe est aussi présente aux Halles de Bacalan (p. 128) et à la Bocca (p. 117). (09 81 68 13 92 ; 21 avenue Thiers ;

Bocaux gourmands au Garde Manger

Le bistrot-réfectoire du Magasin général

www.legardemangerbordeaux.com ; entrées/plats 5,40/9,50 €, 1,50 € la consigne ; lun-ven 10h30-18h30 ; A Stalingrad)

La Mona

PIZZERIA €

242 PLAN K6

Une bonne option si vous êtes en famille, mais pas seulement : l'accueil est adorable, le cadre, de style bistrot, agréable, et le menu arbore les classiques (pizzas au feu de bois, pâtes, escalope milanaise) tout en réservant quelques escapades (tartare, *fish and chips*, magret de canard...). (05 40 24 61 11 ; www.pizzerialamona.fr ; 1 rue Sainte-Marie ; menu midi lun-ven 15 €, plats 11-16 € ; lun 12h-14h30, mar-sam 12h-14h30 et 19h-22h30 ; A Jardin-Botanique)

Magasin général

BISTROT-COMPTOIRS €€

VOIR 239 PLAN J2

Tout l'esprit Darwin résumé dans son vaste Magasin général : des produits bio et de saison, de lourds canapés dans lesquels s'enfoncer, de grandes tablées, une déco de récup', et de bons petits plats et burgers au Bistrot-Réfectoire. C'est beau, c'est bon, et on s'y sent bien. En revanche, le lieu est victime de son succès : pensez à réserver. Le Magasin général, c'est aussi un comptoir café (torréfié sur place), une boulangerie (bio) et tout un espace épicerie (bio), où l'on peut manger le midi en mode snacking (quiches, pizzas, sandwichs, planches...). (05 56 77 88 35 ;

www.magasingeneral.camp ; 87 quai des Queyries ; bistrot formules midi lun-ven 17-22 €, plats 12-17 € ; bistrot dim-mar et jeu 8h-20h, mer et ven-sam 8h-23h, snack épicerie lun-ven 12h-17h, sam-dim 11h-19h ; 45, 91, 92 Hortense, A Stalingrad ou Jardin-Botanique)

Côté Zinc

BISTROT-BAR À VIN **€€**

243 PLAN L5

Le bouche-à-oreille fonctionne à plein. Pensez à réserver pour vous attabler dans ce petit bistrot-bar à vin, annexe savoureuse de l'Oiseau Bleu, la table étoilée voisine. Le midi en semaine, on choisit l'une des trois propositions du jour, et hop, entrée, plat et dessert arrivent en même temps sur un plateau en bois. Le soir et le samedi midi, place aux tapas du chef à déguster froids ou chauds, sur place ou à emporter. (05 35 38 33 48 ; www.cotezinc.fr ; 129 avenue Thiers ; formule midi mar-ven 19 €, tapas 5-12 € ; mar 12h-14h, mer-sam 12h-14h et 18h30-22h ; A Thiers-Benauge)

La Belle Saison

TABLE AVEC VUE **€€€**

244 PLAN I2

Une nouvelle équipe est à la barre de ce lieu cosy, qui jouit d'une vue exceptionnelle au bord de la Garonne. La déco est dans l'air du temps (tendance bois brut et rotin), et les notes végétales sont en cohérence avec la cuisine qui fait la part belle aux produits locaux et de saison. Pour une option festive, surtout l'été, rendez-vous au cabanon avec sa carte de tapas, de cocktails et de bières artisanales. (05 57 80 33 33 ; www.la-bellesaison.fr ; 75 quai des Queyries ; plats 14-34 € ; lun-mer 12h-14h, jeu 12h-14h et 19h30-22h, ven 12h-14h et 19h30-22h30, sam 12h-14h30 et 19h30-22h30, dim 12h-14h30 ; 45, 91, 92 Hortense, A Stalingrad ou Jardin-Botanique)

> **Bois de passage**
>
> Au Moyen Âge, les capitaines de voiliers quittaient le port une branche de cyprès plantée au sommet du mât. Cueillie sur la rive droite, dans la forêt de Cypressat, elle prouvait que les marins avaient acquitté les droits de sortie du port.

L'Estacade

TABLE AVEC VUE **€€€**

245 PLAN H5

Face à la place de la Bourse et à son Miroir d'eau, ce restaurant sur pilotis offre l'une des plus belles vues sur Bordeaux. Forcément, les prix s'en ressentent sur la carte, qui affiche des produits impeccables transformés en plats excellents et copieux (huîtres, gambas, dorade royale, ravioles de foie gras de canard, côte de veau, filet d'agneau...) . (05 57 54 02 50 ; www.estacade-restaurant.com ; quai des Queyries ; plats 20-28 € ; tlj 12h-14h et 19h30-23h ; A Stalingrad)

Prendre un verre

The Central Pub

PUB

VOIR 240 PLAN I6

Ce grand café ne mise pas seulement sur l'ambiance et le décor chaleureux (boiseries, tireuses et machine à café dorées, plancher et moquette...), il offre une vue magnifique sur les quais. Grand choix de bières à la pression et en bouteilles, et accueil souriant. (05 57 80 38 00 ; www.the-central-pub.com ; 7 quai des Queyries ; tlj 9h-2h ; A Stalingrad)

Chez Alriq

GUINGUETTE, CONCERTS

246 PLAN I2

À la belle saison, on se plaît à boire un verre dans cette guinguette au bord de l'eau, et on profite de la lueur des lampions le soir. Quand des concerts sont programmés, l'entrée est payante (5-8 €, gratuit -10 ans). On peut aussi manger sur place (pizza, moules marinières, crevettes, planches de charcuterie...), avec service au comptoir. Belle ambiance. (05 56 86 58 49 ; www.laguinguettechezalriq.com ; quai des Queyries ; mai-sept mer-sam 19h-1h, dim 12h-21h ; 45, 91, 92 Hortense, A Stalingrad)

Les Chantiers de la Garonne

"BORDEAUX PLAGES"

247 PLAN I2

À la belle saison, cet ancien chantier naval, qui fait également partie de la galaxie Darwin (p. 148), s'imprègne d'une ambiance particulièrement décontractée en journée comme en soirée. Les pieds dans le sable, en bordure de Garonne, on vient déguster une assiette d'huîtres (13 € les 6) ou des sardines à la plancha (12 €) et, le soir, on s'y retrouve pour prendre un verre en musique. On peut aussi y boire les bières de la maison, qui sont brassées à côté. (05 47 79 84 70 ; www.leschantiersdelagaronne.camp ; 21 quai des Queyries ; tlj en saison ; A Stalingrad ou Jardin-Botanique)

Sortir

Mégarama

CINÉMA

VOIR 240 PLAN I6

Ce multiplexe de 17 salles est aménagé dans l'ancienne gare de Bordeaux-Bastide. (05 56 40 66 70 ; bordeaux.megarama.fr ; 7 quai des Queyries ; A Stalingrad)

Arkéa Arena

SALLE DE SPECTACLE

HORS PLAN L10

La nouvelle grande salle de spectacle de la métropole bordelaise, un projet de l'architecte Rudy Ricciotti, est accessible depuis la place Stalingrad *via* une navette (elle part de la porte de Bourgogne, à Saint-Michel, et emprunte le pont de Pierre) qui circule les soirs de spectacle. (www.arkeaarena.com ; 48-50 avenue Jean-Alfonséa, Floirac ; navette en liaison avec tramway A, C ou D Porte-de-Bourgogne et A Stalingrad et bus nos 10, 28, 32, 45 et 62 Arena)

En poussant un peu plus loin…

Lormont est une banlieue charmante, avec un centre organisé autour d'une longue rue pentue menant à une petite place, que domine le gigantesque pont d'Aquitaine. Le chef basque Vivien Durand vous accueille au **Château du Prince Noir** (05 56 06 12 52 ; www.leprincenoir-restaurant.fr ; 1 rue du Prince-Noir ; menus midi/soir 60 €/95-125 € ; lun et jeu-ven 12h-13h30 et 19h30-21h, mar-mer 19h30-21h ; A Mairie-de-Lormont), dans une magnifique demeure restaurée à l'ambiance contemporaine, avec vue sur le parc ou le pont d'Aquitaine. Les produits du terroir et de saison sont au menu de ce restaurant étoilé (sur réservation).

À Cenon, le **Rocher de Palmer** (05 56 74 80 00 ; www.lerocherdepalmer.fr ; 1 rue Aristide-Briand ; A Palmer ou Buttinière), la première scène numérique des cultures du monde en Aquitaine, attire un public fidèle avec sa programmation musicale éclectique en plein cœur du parc de Palmer.

À proximité du parc des expositions, dans le quartier du Lac, les Girondins jouent au **stade Matmut-Atlantique** (www.matmut-atlantique.com ; cours Jules-Ladoumègue ; C Parc-des-Expositions). Comptant plus de 42 000 sièges, il a été conçu par le cabinet Herzog & de Meuron. Il accueille aussi des matchs de rugby et des concerts.

Shopping

Épicerie Domergue

ÉPICERIE FINE

248 PLAN J6

Une jolie épicerie, où l'on vous accueille avec un large sourire. Un coin épices, de la charcuterie et du fromage à la coupe, des pâtes, des huiles et du vin… Le choix n'est pas immense, mais suffisant pour un bon panier pique-nique ou un apéro improvisé. (05 56 86 84 70 ; 24 avenue Thiers ; lun-ven 9h30-14h et 15h-19h30, sam 10h-19h30 ; A Stalingrad ou Jardin-Botanique)

Quvée

CAVISTE

HORS PLAN L5

Ici, plus de 650 références de vins, spiritueux et bières, accompagnées de conseils avisés. (05 40 12 36 24 ; www.quvee.fr ; 355 avenue Thiers ; mar-sam 10h-13h et 15h-20h, bar à vin attenant Quivre ouvert mer 17h-20h et jeu-sam 17h-23h ; A Galin ou Jean-Jaurès)

Le Passeur

LIBRAIRIE

249 PLAN J7

Une bonne librairie généraliste, où l'on aime s'attarder dans le petit salon de lecture. Cela fait maintenant dix ans que Le Passeur, ou plutôt *les* passeurs – Ingrid Lafon et Martin Peix – partagent leurs coups de cœur et leurs envies de rêve, d'imaginaire, de voyages et de découvertes. (05 56 32 83 37 ; www.librairie-lepasseur.fr ; 9 avenue Thiers ; mar-sam 10h-19h ; A Stalingrad)

Sports et activités

Hangar Darwin

SKATEBOARD

VOIR 239 PLAN J2

Cela résonne fort à l'intérieur de ce hangar transformé en skatepark indoor (casque obligatoire pour les mineurs). On vient y "rider", sous le regard admiratif des badauds… et des parents – beaucoup de très jeunes, qui ne sont pas les moins impressionnants. On peut pratiquer le *bike polo* et le *roller derby* dans un hangar en face. (hangardarwin.org ; 87 quai des Queyries ; adhésion 5 €, pass journée 5 €, 1re journée gratuite, location skate 2 € ; mar et jeu-ven 14h-21h, mer et sam-dim 14h-19h ; 45, 91, 92 Maréchal-Niel, A Stalingrad)

Bordeaux Canoë

CANOË

VOIR 247 PLAN I2

S'initier au canoë-kayak sur la Garonne, tout en visitant la ville depuis le fleuve, voici ce que propose Bordeaux Canoë avec des sorties accompagnées

Devanture de l'Épicerie Domergue (p. 153)

à la belle saison. Le point de rendez-vous se fait aux Chantiers de la Garonne (p. 152). Sur réservation. (06 50 46 10 23 ; www.bordeauxcanoe.com ; 21 quai des Queyries ; descente de la Garonne adulte/enfant 30/20 €, à partir de 10 ans, en saison ; A Stalingrad ou Jardin-Botanique)

Croisières Burdigala

MINI-CROISIÈRES

250 PLAN I6

Embarquez pour une balade sur le fleuve, le long des quais ou jusqu'à Blaye. (05 56 49 36 88 ; www.croisieresburdigala.fr ; 7 quai des Queyries ; croisière avec escales adulte/enfant 39/20 €, pas de CB ; A Stalingrad)

Bat³ (BatCub)

MINI-CROISIÈRES

251 PLAN H6

De Stalingrad, on peut prendre une navette fluviale pour rejoindre la rive gauche *via* les Quinconces. Possibilité d'aller jusqu'à la Cité du vin. (05 57 57 88 88 ; infotbm.com ; quai des Queyries ; ticket 1,70 €, 3 € à bord et gratuit avec CityPass ; lun-ven 7h30-19h30, sam-dim et jours fériés 9h-20h15 ; A Stalingrad)

Promenade à vélo

Bordeaux d'une rive à l'autre

Le centre de Bordeaux offre une place de plus en plus importante aux vélos (bandes et pistes cyclables). Le parcours proposé vous mènera du quartier de la Bastide, rive droite, à la rive gauche. Il vous fera découvrir une grande partie de la ville, en privilégiant son patrimoine historique et architectural. Si vous n'avez pas de vélo, louez-en un ou empruntez un V³ (p. 171) !

Comment y aller

Passez chez un loueur de vélo (p. 172) et traversez le pont de Pierre (piste cyclable) pour rejoindre le Jardin botanique. Autre option, si vous faites des étapes, prenez un V³ à la station Jardin-Botanique.

Du Jardin botanique au parc aux Angéliques

Après avoir visité le **Jardin botanique** ❶ (p. 147), prenez la sortie quai des Queyries et empruntez à gauche la piste cyclable qui traverse le **parc aux Angéliques** (p. 147). Continuez sur le **pont de Pierre** ❷ (p. 148), puis à droite sur la piste longeant la Garonne.

Les quais rive gauche

Profitez de la vue exceptionnelle et suivez le fleuve jusqu'au **Grand Bar Castan** ❸ (p. 56). Traversez, puis prenez la rue de la Cour-des-Aides jusqu'à l'**église Saint-Pierre** ❹ (p. 49).

Saint-Pierre et ses venelles

Traversez la place. Remontez la rue des Faussets sur la droite, puis prenez à gauche dans la rue Leupold, et encore à gauche dans la rue du Puits-Descujols jusqu'à la rue des Caperans sur la gauche. Prenez-la puis rejoignez la **place du Parlement** ❺ (p. 49) par la rue du Parlement-Saint-Pierre. Poursuivez, en face, dans la rue du Parlement-Sainte-Catherine, puis à droite dans la rue Métivier et à gauche dans la rue Saint-Rémi. Remontez la rue des Piliers-de-Tutelle sur la droite.

Les Quinconces

Rejoignez le **Grand Théâtre** ❻ (p. 32), puis continuez jusqu'à l'**esplanade des Quinconces** ❼ (p. 34) par le cours du 30-Juillet. Empruntez ensuite les allées de Los Angeles pour accéder à la piste cyclable du cours du Maréchal-Foch.

Le Jardin public

Arrivé au **Jardin public** ❽ (p. 134), vous pourrez vous promener à vélo tout en respectant une vitesse réduite. En repartant, prenez à droite le cours de Verdun jusqu'à la place Tourny. Sur la gauche, la petite rue Condillac (toujours un peu encombrée) vous conduira jusqu'au cours de l'Intendance. Poursuivez rue de la Vieille-Tour et descendez la rue des Remparts jusqu'au **palais Rohan** ❾ (p. 66).

Le jardin du palais Rohan

Longez la façade, puis empruntez à droite la rue Élisée-Reclus. Au bout, en prenant le cours d'Albret sur la droite, vous atteindrez l'entrée du jardin et le **musée des Beaux-Arts** ❿ (p. 66).

Une petite pause ?

Si vous êtes rive droite à l'heure du déjeuner et que le temps le permet, pique-niquez sur les larges pelouses bordant la Garonne. Sinon, de l'autre côté du fleuve, déjeunez chez **Horace** (p. 70). Pour les gourmands, un passage chez **Any'Teas** (p. 37) s'impose à l'heure du goûter.

Vaut le détour

Le tour du bassin d'Arcachon

Le bassin, comme on l'appelle familièrement ici, est la destination favorite des Bordelais tout au long de l'année. Les uns préfèrent ses eaux calmes aux vagues énergiques de l'océan, les autres apprécient la beauté de ses paysages à découvrir à pied, à vélo ou en bateau. La plupart vantent ses bons restaurants – et la fraîcheur de ses huîtres.

Comment y aller

En voiture, prendre l'A630 puis l'A660 vers le Bassin d'Arcachon/ Biscarrosse, sortie D259.

En TER (ligne Bordeaux-Arcachon). Une vingtaine de trajets directs (52 min) par jour.

❶ La dune du Pilat

Cette dune de sable, qui s'étire sur près de 3 km, est la plus haute d'Europe. Un escalier de quelque 180 marches permet d'accéder au sommet d'où la vue, à 114 m de hauteur, est magnifique. On peut notamment contempler le banc d'Arguin, à l'entrée du bassin – classé réserve naturelle depuis 1972, il protège une colonie de sternes caugek.

❷ Arcachon

De jolies plages en centre-ville et une architecture séduisante. Baladez-vous autour du **parc Mauresque** (place du 8-Mai ; été 7h-22h, hiver 8h30-19h30) pour admirer les superbes demeures de la Ville d'Hiver, sur les hauteurs.

❸ Le bassin en bateau

L'**Union des bateliers arcachonnais** (05 57 72 28 28 ; bateliers-arcachon.com ; 76 boulevard de la Plage) organise des excursions au départ de différents points de la baie, à bord d'embarcations traditionnelles ou de plaisance pour un grand tour du bassin.

❹ Larros (Gujan-Mestras)

Dans ce petit port ostréicole, ne manquez pas l'instructive visite de la **Maison de l'huître** (05 56 66 23 71 ; www.maison-huitre.fr ; tarif plein/réduit 5,90/3,90 €, gratuit -5 ans ; juil-août tlj 10h-13h et 14h30-18h30, sept-juin lun-sam 10h-12h30 et 14h30-18h).

❺ Andernos

À marée basse, allez chercher des coquillages ou participez aux balades dans les chenaux et esteys organisées par l'**office du tourisme** (05 56 82 02 95 ; andernos-tourisme.fr ; esplanade du Broustic). À marée haute, profitez des petites plages de sable fin et de la longue jetée-promenade de cette station familiale.

❻ Le Cap-Ferret

La presqu'île du Cap-Ferret est d'un côté bordée par de longues plages donnant sur l'Atlantique et de l'autre jalonnée par des petits ports ostréicoles. Du haut du **phare du Cap-Ferret** (05 57 70 33 30 ; phareducapferret.com ; tarif plein/4-12 ans 6/4 € ; juil-août tlj 10h-19h30, avr-juin et sept 10h-12h30 et 14h-18h30, oct mer-dim 14h-18h, nov-mars mer-dim 14h-17h), on embrasse l'ensemble du bassin d'Arcachon .

Une petite pause ?

L'été, pour une assiette d'huîtres en terrasse, rendez-vous à **La Cabane de l'Aiguillon** (05 56 54 88 20 ; lacabanedelaiguillon.com ; 51 boulevard Pierre-Loti, Arcachon ; tlj Pâques-début oct 11h-21h ; vente à emporter toute l'année ; €). Pour du poisson frais, direction le restaurant **Ville d'Hiver** (05 56 66 10 36 ; www.hotelvilledhiver.com ; 20 avenue Victor-Hugo, Arcachon ; tlj 12h-14h et 19h30-22h ; €€).

Vaut le détour

Saint-Émilion, sa ville et ses vins

Il y a bien sûr les vins, parmi les meilleurs du monde. Et il y a la ville qui émerge au milieu des vignobles. Construite en amphithéâtre, elle baigne dans une lumière mettant en valeur ses vieilles pierres. Saint-Émilion, qui possède plusieurs monuments dignes d'intérêt, n'est pas peu fière de son paysage viticole classé au patrimoine mondial de l'Unesco !

Comment y aller

En bus, la ligne 304 de la TransGironde. Départ des Quinconces.

En voiture, prendre la N89, direction Libourne.

En TER (ligne Bordeaux-Sarlat). Neuf trajets directs (34 min) par jour.

❶ L'église monolithe

Commencez cette balade par la découverte de la plus grande église monolithe d'Europe, creusée dans le plateau calcaire au tournant des XIe-XIIe siècles par les bénédictins. La visite comprend la **grotte de l'Ermitage**, où se retira pendant 17 ans le moine Émilion, et les **catacombes** (tlj, visite guidée de 45 min uniquement ; tarif plein/réduit 12/9 €, gratuit -10 ans, infos à l'office du tourisme, 05 57 55 28 28, www.saint-emilion-tourisme.com, place des Créneaux). Le **clocher** (tlj ; 2 €, gratuit -6 ans) offre une vue unique.

❷ L'église collégiale

Poursuivez ensuite par l'**église collégiale** (place Meyrat) qui se distingue par une nef à trois travées datant du XIIe siècle.

❸ La tour du Roy

Gravissez les 118 marches du seul donjon roman de Gironde encore debout (XIIIe siècle) pour une vue imprenable sur les alentours. On y proclame le Jugement du vin nouveau en juin et le ban des Vendanges en septembre. (fév-nov; 2 €, gratuit -6 ans)

❹ Macarons

En flânant dans les ruelles pavées de Saint-Émilion, approvisionnez-vous en macarons, l'autre spécialité locale après le vin. Notre coup de cœur va à ceux de **Nadia Fermigier** (05 57 24 72 33 ; www.macarons-saint-emilion.fr ; 9 rue Guadet ; htlj) dont la recette, ancestrale, remonte à 1620.

❺ Château Pavie

Des quatre domaines désignés Premier Grand Cru classé A – au top du classement des vins de Saint-Émilion – le château Pavie est le seul que vous pourrez visiter. Réservez longtemps à l'avance. (05 57 55 43 43 ; www.vignoblesperse.com ; visite sur rdv lun-ven, 55 €)

❻ Château Beau-Séjour Bécot

Pour un Premier Grand Cru classé B, rendez-vous au château Beau-Séjour Bécot pour visiter ses caves creusées dans la roche. (05 57 74 46 87 ; www.beausejour-becot.com ; visite-dégustation 35 €, à réserver en ligne)

❼ Château Figeac

La visite de cet autre Premier Grand Cru classé B comprend les chais et les caves. (05 57 24 72 26 ; www.chateau-figeac.com ; visite-dégustation 60/90 minutes 50/80 €, sur réservation)

Une petite pause ?

L'Envers du décor (05 57 74 48 31 ; www.envers-dudecor.com ; 11 rue du Clocher ; menus midi lun-ven 27-32 €, plats 23-29 € ; tlj12h-14h et 19h-21h30 ; €€), pour le décor, l'éblouissante carte des vins et l'ambiance chaleureuse. Pensez à réserver.

Bordeaux Hier et aujourd'hui

Le pont de Pierre

Burdigala

La Garonne, qui formait durant l'Antiquité la voie la plus rapide entre l'Atlantique et la Méditerranée, a favorisé un peuplement ancien. L'antique Burdigala aurait été fondée dès le IIIe siècle av. J.-C. par les Bituriges Vivisques, peuplade gauloise venue du Nord. L'historien bordelais Camille Jullian estime toutefois que la ville aurait en réalité été établie antérieurement par les Aquitains, venus du sud des Pyrénées. La position clé de l'estuaire de la Gironde lui permet rapidement de contrôler le transit de l'étain britannique. Durant la période romaine, Burdigala se pare de thermes et de temples et se dote d'un amphithéâtre, le palais Gallien, encore visible aujourd'hui. Devenue une cité de premier ordre, elle accède au rang de capitale de la province romaine de l'Aquitaine seconde au IIIe siècle, époque à laquelle les premiers remparts sont élevés. L'actuelle rue Sainte-Catherine et la rue de la Porte-Dijeaux constitueraient les deux principaux axes du *castrum*. Outre son activité portuaire, Burdigala vit déjà de la vigne, profitant des excellents sols calcaires et des graves (terrains caillouteux faits de gravier, de sable et de galets).

Au IVe siècle, l'implantation du christianisme fait de Bordeaux la capitale du diocèse. L'église Saint-Étienne, aujourd'hui disparue, est édifiée non loin de la basilique Saint-Seurin, dont la construction ne commence que deux siècles plus tard. À la suite des invasions des Vandales (408) et des Vikings (848), Burdigala est pillée et détruite. Au XIe siècle, la ville passe dans le giron des ducs de Gascogne, puis de ceux d'Aquitaine.

Bordeaux l'anglaise

Bordeaux connaît un deuxième âge d'or à partir du XIIe siècle sous le règne d'Aliénor d'Aquitaine qui, après l'annulation de son mariage avec le roi de France Louis VII, épouse celui qui deviendra le roi d'Angleterre : Henri Plantagenêt. Débutent alors trois siècles de prospérité. À l'origine réservée aux moines, la culture de la vigne connaît un essor sans précédent. Cette activité est encouragée par les rois anglais qui facilitent l'exportation du vin vers leur pays. Les privilèges accordés aux commerçants, notamment celui de vendre directement leur production dans les tavernes, assurent à la Couronne d'Angleterre la fidélité des Bordelais. Dès le XIIe siècle, la ville s'étend, donnant naissance au faubourg Saint-Éloi. Deux enceintes successives sont construites, aux XIIIe et XIVe siècles.

Bordeaux l'insoumise

La fin de la guerre de Cent Ans, en 1453, ramène Bordeaux dans le royaume de France. Durant près de 300 ans, Bordeaux, insoumise, ne cesse de lutter contre le centralisme monarchique français.

Les rois tentent de leur côté de soumettre les Bordelais, autrefois partisans des Anglais. Charles VII met fin aux privilèges commerciaux des négociants en vin, tandis que le fort du Hâ et le château Trompette (à l'emplacement de l'actuelle esplanade des Quinconces) sont édifiés pour protéger la ville de toute nouvelle invasion. Parallèlement, Bordeaux devient un foyer intellectuel remarquable, notamment grâce au collège de Guyenne qui, fondé en 1533, forme les élites. C'est là que Montaigne et son ami La Boétie font leurs études, avant de siéger ensemble au Parlement. Si la Réforme, qui connaît un grand engouement en Aquitaine, est sévèrement réprimée et condamnée par les édiles de la cité, les deux hommes parviennent à modérer les ardeurs et à concilier tant bien que mal catholiques et protestants.

Au XVIIe siècle, Bordeaux devient l'un des centres de la Contre-Réforme française. Des congrégations s'y installent. Dans le même temps, les conflits avec le pouvoir central s'amplifient. En 1635, la taxe sur le vin provoque un soulèvement populaire. L'insoumission prend une tournure plus politique avec la Fronde et la révolte de l'Ormée (gouvernement populaire de Bordeaux), de 1651 à 1653, à laquelle répond durement Louis XIV. Ce dernier fait reconstruire le château Trompette et édifier le fort Louis de l'autre côté de la ville, pour surveiller et mater toute velléité de révolte.

Les trois M : Montaigne, Montesquieu et Mauriac

Ces trois figures tutélaires de la littérature française, mondialement réputées, font la fierté de Bordeaux.

Michel Eyquem de Montaigne (1533-1592) reçoit une instruction humaniste à Bordeaux. Il entre au Parlement, puis devient maire de la ville en 1581. En pleine guerre de Religion, il administre une ville catholique cernée par une Guyenne protestante. Ses *Essais* expriment un idéal de sagesse fondé sur la tolérance.

Charles-Louis de Secondat, baron de Montesquieu (1689-1755), naît dans une famille de magistrats bordelais au château de La Brède. Il symbolise l'ouverture intellectuelle de Bordeaux à l'esprit des Lumières, notamment à travers des œuvres comme *De l'esprit des lois* ou *Les Lettres persanes*.

François Mauriac (1885-1970) a fait corps avec Bordeaux. Nombre de ses romans, comme *Thérèse Desqueyroux* ou *Le Nœud de vipères*, prennent pour cadre sa région natale. Né dans une famille de viticulteurs, il séjourne régulièrement jusqu'à la fin de sa vie à Malagar, le domaine familial, qui abrite aujourd'hui le **Centre François-Mauriac** (malagar.fr), à 50 km de Bordeaux. Il est possible de visiter la maison de l'écrivain et de participer à des balades littéraires.

L'âge d'or de l'argent

Au XVIIIe siècle, le commerce avec les Antilles se développe. Il s'agit au début de simples allers-retours : les navires partent de Bordeaux chargés de vin, d'huile et de farine et reviennent avec du cacao, du café, du bois précieux, du tabac, du sucre... Puis le commerce triangulaire se met en place. Bordeaux, qui sera le premier port colonial du royaume au XVIIIe siècle, devient également le deuxième port négrier de France. Les armateurs s'enrichissent, donnant naissance à une nouvelle bourgeoisie. La construction navale participe aussi à la prospérité de la ville.

Cette croissance va de pair avec une transformation du paysage urbain, lancée par les intendants de la ville (Boucher et Tourny notamment), et encore visible aujourd'hui. Bordeaux se tourne enfin vers le fleuve, comme en témoignent la place de la Bourse et la "façade des quais" – le bel alignement architectural de la rive gauche. Le théâtre, de larges avenues et les hôtels particuliers sont édifiés à cette époque. Cette prospérité s'accompagne d'une ouverture intellectuelle à l'esprit des Lumières, avec la fondation de l'Académie, que symbolise Montesquieu.

Des Girondins au règne de la droite

Bordeaux joue un rôle particulier durant la Révolution française. L'élite bordelaise, composée d'avocats, d'armateurs, de commerçants et de médecins, est favorable aux idées libérales de 1789. Les députés du tiers état de Bordeaux participent à la rédaction de la première Constitution. Puis la création de la Société des amis de la Constitution donne naissance au groupe des Girondins. Partisans d'une révolution modérée et décentralisatrice, ces derniers triomphent aux élections de 1791 et dirigent la Convention jusqu'en 1792. Ils s'opposent alors au centralisme jacobin des Montagnards, plus radicaux. Quand ces derniers prennent le pouvoir et quand la Terreur s'installe, la plupart des chefs girondins, dont Vergniaud, le plus célèbre d'entre eux, sont guillotinés, malgré les insurrections fédéralistes provoquées partout en France par ce coup de force (Bordeaux sera la dernière ville à rendre les armes, en octobre 1793).

Alors que le XIXe siècle marque le déclin de l'activité portuaire, l'arrivée du chemin de fer en 1837 et la construction navale continuent d'assurer des débouchés économiques à la ville, de même que le commerce avec les colonies et la pêche à la morue, au large de Terre-Neuve, qui connaît un certain renouveau. Les aménagements urbains ne sont pas négligeables : le pont de Pierre relie les deux rives du fleuve dès 1822, des quais sont construits, succédant à la grève qui longe la Garonne, et le château Trompette est détruit pour faire place à l'esplanade des Quinconces. Peu à peu, l'activité du port se déplace vers le nord. Durant la guerre de 1870, le gouvernement français s'installe de façon provisoire à Bordeaux, comme il le fera encore par la suite en 1914, puis en 1940.

Après la Seconde Guerre mondiale, la ville s'industrialise et s'agrandit, formant une vaste agglomération. Dans le centre, la construction du quartier d'affaires Mériadeck incarne la politique de reconstruction. La vie municipale est profondément marquée par Jacques Chaban-Delmas, maire de Bordeaux de 1947 à 1995. Alain Juppé, alors Premier ministre, lui succède en 1995. Condamné dans l'affaire des emplois fictifs de la mairie de Paris, il démissionne en 2004. Il est réélu lors d'élections municipales anticipées en 2006, puis son mandat est confirmé en 2008 et en 2014. En 2019, il quitte ses fonctions pour entrer au Conseil constitutionnel, laissant les rênes à Nicolas Florian.

Cette période aura vu la construction du tramway, le réaménagement des quais et la rénovation du centre-ville qui conduisent en 2007 au classement de près de la moitié de la ville au patrimoine mondial de l'UNESCO. Se sont ensuivies de multiples réalisations comme le stade Matmut-Atlantique et l'écoquartier Ginko dans le secteur du Lac, la Cité du Vin dans le quartier des Bassins à flot, le réaménagement de la rive droite ainsi que celui des abords de la gare Saint-Jean, s'inscrivant dans le grand projet urbain Euratlantique, qui s'étend de part et d'autre de la Garonne. Enfin, un septième pont, baptisé Simone-Veil, devrait voir le jour en 2024.

Une nouvelle page

Coup de théâtre à Bordeaux le 28 juin 2020 quand Pierre Hurmic, candidat écologiste, s'empare de la mairie d'une ville gérée depuis 73 ans par la droite. Observées à la loupe, ses actions suscitent autant l'intérêt que la critique, à l'image de la polémique autour du sapin de noël en verre et acier recyclés installé place Pey-Berland en 2021. Quelles seront les autres répercussions de sa "révolution verte" ? Jusqu'à présent, Bordeaux reste la seule métropole écologiste de laquelle le foie gras n'a pas été banni lors des manifestations officielles... mais pour combien de temps ?

LA MAISON
DE MARGOT
FOOD & WINES
LA MAISON DE MARGOT
BIENVENUE
RESTAURANT
Bar à vins Bio
Cocktails
Tapas
Cave
Mercredi, jeudi, vendredi :
12h00 - 14h00
18h00 - 23h00
Samedi : 12h00 - 23h00
Réservation :
06.14.29.75.06
Cuisine maison et vins Bio
Food and Organic Wines

Carnet pratique

La Maison de Margot, quartier Saint-Pierre (p. 51) CORALIE MODSCHIEDLER ©

Arriver à Bordeaux

Avion

L'**aéroport de Mérignac** (05 56 34 50 50 ; www.bordeaux.aeroport.fr) est situé à 12 km du centre-ville. Air France propose plusieurs vols quotidiens depuis/vers une quinzaine de villes en France. La compagnie Ryanair assure des vols depuis/vers Bruxelles et Easyjet relie Genève à Bordeaux. Le terminal Billi (avec services simplifiés) est réservé aux vols low cost.

Des **navettes** (30direct.com ; aller simple tarif plein/réduit 8/7 €) assurent une liaison directe entre l'aéroport et la gare Saint-Jean en 30 minutes. La ligne de **bus Lianes 1+** (05 57 57 88 88 ; infotbm.com ; ticket à l'unité 1,70 €) du réseau TBM relie également l'aéroport et la gare, et dessert plusieurs arrêts en centre-ville.

Train

La **gare Saint-Jean** (3635 ; rue Charles-Domercq ; www.sncf-connect.com ; C et D Saint-Jean) est à 2 heures de Paris par la LGV (ligne à grande vitesse). Il faut compter entre 4 heures 45 et 5 heures 15 pour Bruxelles *via* Paris, et 6 heures 15 pour Genève, toujours en passant par Paris. Bordeaux est bien reliée à d'autres grandes villes de France comme Nantes (4-5 heures avec 1 correspondance), Montpellier (Intercités direct 4 heures 30), Lyon (4 heures 50 avec 1 correspondance), Lille (TGV direct, 4 heures 30 à 4 heures 45), Strasbourg (TGV direct 6 heures) et Marseille (Intercités direct 6 heures).

Voiture

Bordeaux est à 550 km de Paris et Lyon (5 heures 30), à 650 km de Marseille (6 heures), à 700 km de Genève (6 heures 30) et à 880 km de Bruxelles (8 heures).

Bus

Bordeaux est desservie depuis plusieurs villes de France par plusieurs compagnies comme Flixbus (www.flixbus.fr), Eurolines (eurolines.fr) et Blablabus (www.blablacar.fr/bus).

Comment circuler

Le réaménagement du centre a amélioré la vie des piétons et des cyclistes. Facile d'accès, le centre-ville est traversé par des lignes de tramway et aisé à parcourir à pied. L'arrivée en voiture est plus délicate : certains secteurs sont réservés aux riverains, d'autres sont piétonniers. Ailleurs, se garer est un casse-tête. Mieux vaut laisser son véhicule dans les parcs relais destinés aux utilisateurs des transports publics – carte disponible sur le site de **TBM** (www.infotbm.com).

À savoir : le 1er dimanche du mois (en dehors du mois d'août), une grande partie du centre-ville est interdite aux voitures, de 10h à 18h (hiver) ou 19h (été).

Bus

Le réseau de **bus** (05 57 57 88 88 ; www.infotbm.com ; ticket 1/10 voyages 1,70/13,70 €, gratuit -5 ans), très dense, couvre l'ensemble de Bordeaux Métropole. Les Tickartes permettent de circuler sur tout le réseau (bus, tramway et Bat³) pendant 1 heure. Il existe aussi des formules offrant un accès illimité aux transports et aux parcs relais (soirée/24 heures/7 jours 2,60/5/14,20 €). Notez aussi que le CityPass (p. 173) offre un accès illimité au réseau TBM.

Des kiosques d'information sont à la disposition du public sur l'esplanade des Quinconces, place Gambetta et à la gare Saint-Jean.

En soirée, en complément des 13 Lianes (lignes de bus à haute fréquence) qui fonctionnent jusqu'à 0h30 ou 1h15, des lignes **Flexo** (05 57 57 89 99) circulent jusqu'à 2h du matin, avec des arrêts à la demande sur une zone géographique délimitée. La "TBNight" (Flexo 58) circule toute la nuit les jeudis, vendredis et samedis de septembre à début juillet, et dessert les boîtes de nuit de Bacalan et du quai de Paludate.

Une navette électrique (la ligne Citéis 47) dessert le centre-ville entre les Quinconces et la place de la Victoire du lundi au samedi (ainsi que lors des dimanches sans voiture).

Taxis

Taxi-Télé Bordeaux (05 56 96 00 34 ; taxi-tele.fr) a développé une application mutualisant de nombreux taxis de Bordeaux.

Tramway

Les 4 lignes de tramway fonctionnent de 5h à 1h du matin du jeudi au samedi, et de 5h à minuit du dimanche au mercredi. Toutes desservent le centre-ville. La ligne A relie Le Haillan à Floirac ou Carbon-Blanc et Bassens *via* la place Pey-Berland et la porte de Bourgogne ; la ligne B Pessac aux berges de la Garonne *via* la Victoire et le Grand Théâtre ; la ligne C Villenave Pyrénées au stade Matmut-Atlantique ou à la gare de Blanquefort, *via* Bègles, la gare Saint-Jean, Saint-Michel, l'esplanade des Quinconces et le Jardin public ; la ligne D le quartier Belcier (Carle Vernet) à Eysines, en passant par la gare, les Quinconces et la mairie du Bouscat (plan des lignes téléchargeable sur infotbm.com).

Vélo

Plébiscité par les Bordelais, le vélo connaît un franc succès : le centre-ville réserve de multiples espaces de circulation protégée, qui en font un moyen de locomotion idéal pour sillonner la ville, notamment le long des quais. Le système de vélos en libre service s'appelle ici **V³** (09 69 39 03 03 ; www.infotbm.com/fr/v3 ; sans abonnement 24 heures/7 jours 1,70/7,70 €, 30 min gratuites puis 2 € par heure entamée). Il compte 179 stations (avec plus de 2 000 vélos disponibles).

Avec un abonnement annuel, il est possible de souscrire à l'option V³ électrique.

Cool Bike (05 33 48 13 86 ; cool-bike.fr ; 77 quai des Chartrons ; mar-dim 11h-20h en été, 10h-19h en hiver) est spécialisé dans la location de VTT, de VTC de vélos pliables, de triporteurs... À partir de 10 €/jour pour un vélo de ville.

Pierre qui roule (05 57 85 80 87 ; www.pierrequiroule.fr ; 16 rue Castelnau d'Auros ; mar-ven 10h-12h30 et 14h-19h, sam 10h-12h30 et 14h-17h) loue des rollers/vélos à partir de 11/15 € par jour.

Bordeaux scooter (05 57 59 10 18 ; bordeauxscooters.com ; 47 rue de Tauzia ; lun-ven 9h-12h et 14h-19h, sam 9h-12h et 14h-18h, dim 9h-11h) propose des VTC, des vélos hollandais, électriques (14/19/39 €/jour) et des scooters (à partir de 29 €/jour).

Aux heures creuses (5h-7h, 9h-16h, 19h30-1h et le dimanche, sous réserve que l'affluence le permette), il est possible d'embarquer son vélo à bord du tramway (sans supplément). Pratique pour raccourcir un long trajet ou en cas d'intempéries !

Voiture en autopartage

Citiz (05 56 31 10 66 ; bordeaux.citiz.coop ; à partir de 2 €/heure et 0,37 €/km) propose une centaine de voitures en libre-service à Bordeaux.

Autour de Bordeaux

Bus

Transports en Nouvelle-Aquitaine (09 70 87 08 70 ; transports.nouvelle-aquitaine.fr) dessert notamment Blaye, Libourne, le Médoc, le Cap-Ferret, Lacanau-Océan, Langon et l'Entre-deux-Mers.

Train

Le réseau **TER Nouvelle-Aquitaine** (0800 872 872 ; www.ter.sncf.com/nouvelle-aquitaine) permet de rejoindre Arcachon (ligne Bordeaux-Arcachon), Libourne (ligne Bordeaux-Angoulême), des villes de l'Entre-deux-Mers (ligne Bordeaux-Agen) et du Médoc, et Saint-Émilion (ligne Bordeaux-Sarlat). Certaines destinations sont desservies par des autocars TER.

Vélo

De nombreuses pistes cyclables ont été aménagées dans le Bordelais, notamment dans le Médoc et l'Entre-deux-Mers, et autour du bassin d'Arcachon. Plus d'infos sur www.gironde-tourisme.fr.

Voiture

Le week-end, gare aux embouteillages qui se forment souvent à la sortie de Bordeaux, en direction d'Arcachon ou de Lacanau. Soyez par ailleurs vigilant sur les petites routes qui parcourent les vignobles.

Toutes les grandes enseignes de location disposent d'une agence dans le Hall 3 (Belcier) de la gare Saint-Jean (accès depuis la rue des Terres-de-Borde ou depuis le souterrain de la gare).

Avis (0 820 61 16 74 ; www.avis.fr ; lun-jeu 8h-21h, ven 8h-22h, sam 8h-18h, dim 10h-21h)
Enterprise (05 56 92 19 62 ; www.enterprise.fr ; lun-ven 8h30-21h, sam 9h-20h, dim 10h-20h)
Europcar (05 40 24 90 49 ; www.europcar.fr ; lun-mer 8h-20h, jeu-ven 8h-21h, sam-dim 10h-19h)
Hertz (05 57 59 05 95 ; www.hertz.fr ; lun-jeu 7h-21h, ven 7h-22h, sam 8h-18h, dim 10h-19h)
Sixt (05 56 92 08 35 ; www.sixt.fr ; lun-jeu 8h-21h, ven 8h-22h, sam 8h-18h, dim 9h-20h)

Infos pratiques

Infos touristiques

Office du tourisme de Bordeaux Métropole (05 56 00 66 00 ; www.bordeaux-tourisme.com ; 12 cours du 30-Juillet ; lun-sam 9h-18h30, dim et jours fériés 9h30-17h ; B, C ou D Quinconces). Un autre bureau est ouvert à la **gare Saint-Jean** (accès parvis sud ; nov-avr lun-ven 9h30-12h30 et 14h-18h, mai-oct lun-sam 9h-13h et 14h-18h, dim 10h-12h et 13h-15h) et place de la Bourse, au sein du Centre d'interprétation de l'architecture et du patrimoine (p. 48). Un espace d'information dédié aux routes du vin accueille les visiteurs à la Cité du vin (p. 124) – aux mêmes horaires que la Cité.

CityPass

Le **CityPass** (www.bordeauxcitypass.com ; 24/48/72 heures 29/39/46 €) est une bonne option pour visiter la ville. Il offre de nombreux avantages : la Cité du vin (avant 12h), les Bassin de Lumières et 15 musées et monuments en entrée libre, les transports en commun (tramway, bus, Bat³) en accès illimité, une visite de la ville au choix (à pied, en bus panoramique ou en petit train) et de nombreuses réductions sur les croisières, les excursions dans les vignobles, etc.

Personnes handicapées

À Bordeaux, l'office du tourisme, les musées et les sites majeurs sont en grande partie conçus pour accueillir les personnes en fauteuil roulant. Avec ses larges portes coulissantes et son sol de plain-pied, le tramway est accessible à tous.

L'office du tourisme édite un guide "Tourisme et Handicap" qui recense les adresses (sites, restaurants, hébergements) labellisées ou adaptées à l'accueil de personnes en situation de handicap et donne des informations pratiques sur les transports ou les plages accessibles.

Trois itinéraires touristiques labellisés "Tourisme et handicap" ont été élaborés pour les personnes souffrant d'un handicap moteur ou auditif.

Le guide "Tourisme et Handicap" et les itinéraires sont téléchargeables sur le site de l'**office du tourisme** (www.bordeaux-tourisme.com/bordeaux-accessible).

Un plan-guide du patrimoine touristique de la ville édité en braille est disponible à l'office du tourisme principal pour prêt.

Tarifs des restaurants

€ plats < 10 € ; repas < 16 €

€€ plats 11-15 € ; repas 16-30 €

€€€ plats > 16 € ; repas 30-50 €

€€€€ repas > 50 €

La ville a par ailleurs commandé au sculpteur girondin François Didier des plans-reliefs en bronze des trois principaux secteurs touristiques bordelais. Installés place Jean-Moulin, place de la Comédie (face au 2 allées de Tourny) et place du Palais, ils permettent aux déficients visuels de découvrir les quartiers, leur architecture et l'emplacement des monuments.

Visites guidées

L'office du tourisme propose des formules découverte. Certaines sont destinées aux enfants ou aux familles. Quelques exemples :

- **Bordeaux, le cœur historique** (2 heures ; tarif plein/13-17 ans/5-12 ans 12/9/6 €, inclus dans CityPass), pour une découverte à pied des incontournables.
- **Bordeaux au fil de l'eau** (1 heure 30 ; adulte/4-12 ans 15/6 €), à la découverte du port de la Lune, notamment.

Balade gourmande, le réveil des papilles (miam-bordeaux.fr ; sam matin ; 2 heures ; 39 €)

Mais aussi d'autres balades à thème : Bordeaux du Moyen Âge, Bordeaux maçonnique, Dans les pas du célèbre philosophe Montaigne...

Hébergement

Bordeaux possède un vaste parc hôtelier.

Les voyageurs à petit budget trouveront sans difficulté une chambre dans le centre pour un prix très raisonnable. L'hôtellerie de luxe est aussi bien représentée. Si vous êtes à la recherche de plus de confort et de cachet, vous n'aurez que l'embarras du choix.

Les chambres d'hôtes peuvent constituer une alternative très agréable et conviviale.

La plupart des tarifs indiqués ne comprennent pas la taxe de séjour qui varie de 0,73 € à 3,18 € par personne et par nuit.

Hôtels

Petits budgets

Eklo

05 35 54 52 54 ; www.eklohotels.com ; 10 rue de la Gare-d'Orléans ; dortoir 20-25 €, d 43-55 €, studio 85-110 € selon saison, petit-déj 8 € ; A Jardin-Botanique

Proche du Jardin botanique et de Darwin, Eklo affiche des prix imbattables, tout en étant écolo, design et plutôt joliment agencé. Le lieu de vie (un resto-bar ouvert à tous) est bien séparé de l'espace nuit (127 chambres au total). Dortoirs (2 féminins de 6 personnes, 2 mixtes de 8 personnes, 2 privatifs de 8 personnes) avec salles de bains et chambres familiales se trouvent au même étage, les entrées se faisant par une coursive extérieure. L'hôtel compte aussi des chambres doubles (assez exiguës) et des studios pouvant accueillir jusqu'à 4 personnes, ainsi qu'une cuisine collective.

Central Hostel

05 57 83 61 63 ; centralhostel.fr ; 2 place Saint-Projet ; dortoir 6/8 pers 29-40/26-45 € selon saison, d 90-135 €, petit-déj 4 € ; B Hôtel-de-Ville, C ou D Place-de-la-Bourse

Ce Central Hostel, nouvellement installé à proximité de l'Utopia, joue pleinement la carte auberge de jeunesse, tendance chic et design. Il compte 90 lits, répartis dans des dortoirs de 8 (dont un 100% femmes) et 6 places, avec rideaux opaques pour s'isoler, ainsi que trois chambres individuelles de 2 à 4 personnes (la chambre luxe avec poutres apparentes sous les toits et vue sur Pey-Berland est superbe). Centre-ville oblige, les dortoirs sont assez petits (les lits restent larges), et pour l'expérience à la mode japonaise, vous pouvez opter pour l'un des trois dortoirs capsule. Accueil très agréable, et resto-bar animé.

Hôtel Gambetta

05 56 51 21 83 ; www.hotel-gambetta.com ; 66 rue Porte-Dijeaux ; s/d 60-190/70-200 €, petit-déj 9 € ; B Gambetta-MADD

Face à la librairie Mollat, autant dire au cœur de la ville, cet hôtel qui mériterait un petit rafraichissement n'en propose pas moins des chambres simples, agréables et d'un bon rapport qualité/prix. Si vous êtes sensible au bruit, préférez les chambres sur cour (plus chères). Veilleur de nuit.

Whoo Bordeaux Bacalan

05 35 54 01 66 ; www.whoostay.com/fr/hostel/bordeaux-bacalan ; 12 rue de Gironde ; lit dortoir 24-42 €, studio 400 € la semaine, petit-déj 6 € ; B Cité-du-Vin

Située au cœur des Bassins à flot, cette nouvelle auberge de jeunesse propose 192 lits répartis dans des dortoirs (mixtes ou non) pouvant accueillir de 3 à 8 personnes, la plupart avec salle de bains. Possibilité de louer un studio avec lit double, salle de bains privative et kitchenette (1 semaine minimum). Bar, restaurant, espace coworking, salle de gym et laverie à disposition des résidents.

Hôtel des Voyageurs

05 56 81 18 00 ; www.hotel-voyageurs-bordeaux.com ; 3*bis* avenue Thiers ; s/d 70-95/89-110 € selon confort et saison, petit-déj 10,50 € ; A Stalingrad

Sur la rive droite, à deux pas du pont de Pierre, ce deux-étoiles est une excellente option avec ses 11 chambres claires et impeccables, certaines avec pierres apparentes et radiateur en fonte. Au dernier étage, les trois chambres mansardées bénéficient de la clim, tout comme les chambres donnant plein sud. Sols et salles de bains récemment rénovés. Bel accueil qui vous fait sentir comme à la maison.

Catégorie moyenne

Mama Shelter

05 57 30 45 45 ; mamashelter.com/bordeaux ; 19 rue Poquelin-Molière ; d 110-300 €, petit-déj 9/18 € ; B Gambetta-MADD

Après Paris, Marseille et Lyon, le fameux complexe branché a gagné Bordeaux. Dans chaque chambre, un ordinateur écran 27'' (TV, radio, Skype...) vous accueille, avec une moquette à motifs imprimés et des masques de super-héros ou de stars de cartoons. Sans oublier une literie confortable.

La Maison du Lierre

05 56 51 92 71 ; www.hotel-maisondulierre-bordeaux.com ; 57 rue Huguerie ; d 115-210 €, petit-déj 13 € ; B ou C Quinconces, D Fondaudège-Muséum

Dans ce charmant hôtel proche du centre-ville, les chambres – certaines équipées de douches à l'italienne – donnent pour la plupart sur une agréable terrasse arborée, où le petit-déjeuner est servi aux beaux jours. On en oublierait presque que l'on est à l'hôtel.

Moxy

05 33 52 13 26 ; www.marriott.fr/hotels/travel/bodox-moxy-bordeaux ; 25 quai du Maroc ; d petit-déj inclus 89-129 € ; B La Cité-du-Vin

Situé aux Bassins à flot, à deux pas des Halles de Bacalan et de la Cité du Vin, ce nouveau trois-étoiles propose 133 chambres dans un esprit industriel chic, dont certaines avec vue sur le port. Chambre "Méga Moxy" avec accès *rooftop*. Restaurant, bar, salon commun (le Dock), jardin esprit jungle et événements en tous genres (DJ sets, atelier DIY, cours de yoga, etc) : tout est réuni pour se détendre ou faire la fête.

Hôtel La Cour Carrée

05 57 35 00 00 ; lacourcarree.fr ; 5 rue de Lurbe ; d 100-300 € selon confort et saison, petit-déj 12 € ; B Gambetta-MADD

Un hôtel au décor contemporain dans un bâtiment vieux de deux siècles. Ici, les poutres et pierres apparentes se marient à un mobilier sobre et design. On apprécie aussi le patio central au sol boisé. Rien n'est laissé au hasard, et la réussite est totale.

Catégorie supérieure

Hôtel La Zoologie

05 33 06 99 17 ; www.hotelzoologie.com ; 151 cours de la Marne ; d à partir de 205 €, petit-déj 19 € ; C ou D Gare Saint-Jean ou Tauzia

Une reconversion impressionnante et des plus réussies pour cet ancien Institut de zoologie transformé en hôtel 4 étoiles. Proche de la Gare Saint-Jean, cet édifice historique abrite désormais 40 chambres aux volumes atypiques avec un mobilier design et contemporain, le tout conçu avec des matériaux bruts et naturels : structure métallique, verrières, pierres apparentes… L'ensemble ouvre sur un jardin intérieur vaste et luxuriant.

Hôtel Konti

05 56 52 66 00 ; www.hotel-konti.com ; 10 rue Montesquieu ; d 200-250 € selon confort, petit-déj 9/18€ ; C Quinconces

Entièrement rénové, dans un bel esprit boutique-hôtel, ce quatre-étoiles fait face au cinéma Le Français, en plein Triangle d'Or. La déco a été confiée à Oscar Lucien, architecte d'intérieur en vue, qui a joué des matières et des couleurs pour conférer à l'établissement, de 51 chambres, une atmosphère très Art nouveau. Belles prestations.

Seeko'o

05 56 39 07 07 ; seekoo-hotel.com ; 54 quai de Bacalan ; d 120-250 €, avec terrasse/vue panoramique 150-300/ 250-400€ ; petit-déj 8/18/20 €, parking 20 € ; B Les Hangars

Le long des quais, le Seeko'o ("iceberg" en inuit) est un quatre-étoiles étonnant avec 44 lofts spacieux, un mobilier design, de grands espaces et beaucoup de clarté. De nombreux services sont proposés à la clientèle, dont un espace détente avec sauna et salle de fitness. Chaque chambre est équipée d'une télé LCD, d'un lit *king size* et d'une baignoire grand luxe pour 2 personnes. Suite panoramique au dernier étage pour une vue imprenable sur la Garonne.

Yndo Hôtel

05 56 23 88 88 ; www.yndohotelbordeaux.fr ; 108 rue Abbé-de-l'Épée ; d 230-780 €, petit-déj 20/30 € ; B Gambetta-MADD

Calme, intimité, service attentif. On se sent bien ici. La suite Yndo charmera les amoureux du design des années 1970, même si les chambres Crazy (acidulée, nature ou chic) ont notre préférence. On apprécie les lits *king size*, la tablette numérique à disposition et les terrasses privatives. Un vrai coin de paradis.

Intercontinental Bordeaux Le Grand Hôtel

05 57 30 44 44 ; bordeaux.intercontinental.com ; 2-5 place de la Comédie ; d/ste à partir de 285/415 € ; B Grand-Théâtre, C ou D Quinconces

Le palace bordelais se déploie derrière sa magnifique façade classique, réalisée en 1779 d'après des dessins de Victor Louis. Les chambres, décorées par Jacques Garcia sont dotées de spacieuses salles de bains en marbre. L'établissement possède également un restaurant gastronomique, une brasserie haut de gamme, un spa, une orangerie et une terrasse panoramique… pour un séjour de rêve.

Chambres d'hôtes

L'Esprit des Chartrons

06 82 20 20 67 ; www.lespritdeschartrons.fr ; 17*bis* rue Borie ; d petit-déj

inclus 125-165 € selon ch et période ; B Chartrons

Dans ce chai reconverti au cœur des Chartrons, toutes les chambres sont spacieuses. La "Montesquieu" séduit par son esprit loft, la "Montaigne" est dotée d'une belle baignoire balnéo ouverte sur la chambre, et la "Mauriac" est une invitation au farniente, avec sa terrasse plein sud.

Une Chambre Chez Dupont

06 95 15 77 37 ; www.chez-dupont.com ; 4 rue Cornac et 45 et 62 rue Notre-Dame ; d 100-200 € selon ch/ste, petit-déj 5 € ; C Place-Paul-Doumer, B Musée-d'Art-Contemporain

Dix chambres d'hôtes et suites déco tout confort, et un service quasi hôtelier. Trois adresses en tout, dont deux sont situées juste en face de l'église des Chartons. Quant à la réception, elle se tient rue Cornac.

Casa Blanca

06 85 72 76 11 ; www.casablanca-bordeaux.com; 39 rue de la Course ; d petit-déj inclus à partir de 150 € ; C Place-Paul-Doumer

De cette belle maison du quartier des Chartrons, rénovée avec un vrai sens du détail, se dégage une ambiance chaleureuse. Ses chambres avec terrasses privatives (et sans vis-à-vis) sont tout à fait séduisantes.

La Course

05 56 52 28 07 ; www.lacourse-bordeaux.fr ; 69 rue de la Course ; d à partir de 180 € ; C Paul-Doumer ou Jardin-Public

Un lieu tranquille entre les Chartrons et le Jardin public, où la suite Lovebird, avec sa grande baignoire ronde et son "nid" à baldaquin, se distingue particulièrement. Déco pure, minérale, exotique : chaque chambre est une invitation au voyage. Découvrez les multiples trésors cachés des lieux : la suite dans les étoiles avec piscine, la cave à vins, le hammam...

L'Hôtel Particulier

05 57 88 28 80 ; www.lhotel-particulier.com ; 44 rue Vital-Carles ; s/d à partir de 89/209 €, app à partir de 109 €, petit-déj 15 € ; A ou B Hôtel-de-Ville

L'ambiance est chaleureuse dans cet hôtel particulier du XIXe siècle, où la suite Saint-Émilion, avec sa véranda somptueuse, est sans doute la plus étonnante. Les autres chambres et les suites spacieuses, avec parquet et moulures, réservent un confort de bon standing. Toutefois, les balcons offrant une jolie vue sur la cathédrale donnent aussi sur une rue réservée au tramway. Également : agréables appartements de style contemporain.

En coulisses

Vos réactions ?

Vos commentaires nous sont très précieux pour améliorer nos guides. Notre équipe lit vos lettres avec la plus grande attention et prend en compte vos remarques pour les prochaines mises à jour. Pour nous faire part de vos réactions, prendre connaissance de notre catalogue et vous abonner à notre newsletter, consultez notre site Internet : **www.lonelyplanet.fr**

Nous reprenons parfois des extraits de vos courriers pour les publier dans nos guides ou sites web. Si vous ne souhaitez pas que vos commentaires soient repris ou que votre nom apparaisse, merci de nous le préciser. Notre politique en matière de confidentialité est disponible sur notre site Internet.

Un mot de Coralie Modschiedler

Un grand merci à ma famille et tous ceux qui m'ont soutenue et accompagnée dans mes recherches : Christine, Thomas, Céline, Johann, Gilbert, Matthieu, Sylvie, Millia et Shige. Merci aussi à toute l'équipe Lonely Planet, en particulier à Claire et à Dominique pour leur confiance et leur bonne humeur. Merci de m'avoir confié ce guide sur Bordeaux, une destination chère à mon cœur.

Crédit photographique

Photographie de couverture : Bordeaux, quartier Saint-Pierre, place de la Bourse, le miroir d'eau © Bertrand Gardel / hemis.fr

À propos de cet ouvrage

Cette 7e édition de *Bordeaux En quelques jours* est une création de Lonely Planet/En Voyage Éditions. La première édition de ce guide a été écrite par Frédéric Dalléas. Les trois suivantes ont été rédigées et actualisées par Stéphanie Sinier. Les trois dernières éditions ont été confiées à Caroline Delabroy.

Direction éditoriale
Didier Férat

Responsable éditorial
Dominique Bovet

Responsable prépresse
Jean-Noël Doan

Coordination éditoriale
Claire Rouyer

Maquette
Valérie Police

Cartographie
ADFEC
(Martine Marmouget)

Merci à Julien Lannoy pour sa relecture attentive du texte.

Index

Voir aussi les index :
Se restaurer p. 182
Prendre un verre p. 182
Sortir p. 183
Shopping p. 183
Sports et activités p. 183
Se loger p. 183

Références des **sites**

T

U

V

Se restaurer

Prendre un verre

Shopping

Sortir

Sports et activités

Se loger

Notre auteure

Coralie Modschiedler

Journaliste spécialisée dans le voyage, Coralie est passionnée de cultures étrangères. Elle étudie le journalisme à Londres avant de travailler pour de nombreux magazines et guides de voyage anglais. Aujourd'hui freelance et de retour en France elle écrit en anglais et en français pour la presse tourisme et l'édition, notamment *Visit London* et Lonely Planet (*Nice, Côte-d'Azur*, *Alpes*, *Provence* et *Bordeaux*, bien plus qu'un guide, sa ville natale). Retrouvez Coralie sur Instagram : www.instagram.com/coralie.modschiedler

Bordeaux
en quelques jours
7e édition

92 avenue de France - 75013 Paris

Dépôt légal Avril 2022
ISBN 978-2-81618-657-4

Imprimé par L.E.G.O. Spa (Legatoria Editoriale Giovanni Olivotto), Italie

En Voyage Éditions | un département édi8